Ajinkya Nilawar

Recuperação de imagens utilizando caraterísticas de cor e forma

Ajinkya Nilawar

Recuperação de imagens utilizando caraterísticas de cor e forma

ScienciaScripts

Imprint

Cover image: www.ingimage.com

This book is a translation from the original published under ISBN 978-620-2-06959-5.

Publisher:
Sciencia Scripts
is a trademark of
Dodo Books Indian Ocean Ltd. and OmniScriptum S.R.L publishing group

120 High Road, East Finchley, London, N2 9ED, United Kingdom
Str. Armeneasca 28/1, office 1, Chisinau MD-2012, Republic of Moldova, Europe
Printed at: see last page
ISBN: 978-620-8-23934-3

ÍNDICE

Lista de abreviaturas

Sr.No.	Symbol	Illustrations
1	PCA	Principal Component Analysis
2	DFT	Discrete Fourier Transform
3	VQ	Vector Quantization
4	IR	Image Retrieval
5	CBIR	Content Based Image Retrieval
6	BTC	Block Truncation Coding
7	GLCM	Gray Level Co-occurrence Matrix
8	FOM	Figure of Merit

CAPÍTULO 1

INTRODUÇÃO

1.1 Introdução

A recuperação de informação (RI) é a ciência da pesquisa de documentos, de informações contidas em documentos e de metadados sobre documentos, bem como a pesquisa em bases de dados relacionais e na World Wide Web. Existe uma sobreposição na utilização dos termos "recuperação de dados", "recuperação de documentos", "recuperação de informação" e "recuperação de texto", mas cada um deles tem também o seu próprio corpo de literatura, teoria e tecnologias. A RI é interdisciplinar, baseando-se nas ciências da computação, matemática, psicologia cognitiva, linguística, estatística e física. Os sistemas automatizados de recuperação da informação são utilizados para reduzir o que se designa por "sobrecarga de informação". Muitas universidades e bibliotecas públicas utilizam sistemas de RI para dar acesso a livros e revistas. Os motores de pesquisa na Web são as aplicações de RI mais visíveis. As imagens têm uma quota-parte importante na informação armazenada e recuperada.

Recuperação de imagens

A pesquisa de imagens é uma pesquisa de dados especializada utilizada para encontrar imagens. O utilizador pode indicar uma palavra-chave, um esboço ou uma imagem ao motor de pesquisa de imagens para recuperar imagens relativamente semelhantes das bases de dados de imagens. A semelhança utilizada para os critérios de pesquisa pode ser meta tags, distribuição de cores nas imagens e atributos de região/forma. A maioria dos métodos tradicionais de recuperação de imagens utiliza algum método de adição de metadados, como legendas, palavras-chave ou descrições das imagens, para que a recuperação possa ser efectuada com base nas palavras de anotação. As limitações da abordagem baseada em texto são o facto de estar sujeita à perceção humana e o problema da anotação de imagens. Anotar cada imagem é uma tarefa incómoda e dispendiosa.

A recuperação de imagens com base no conteúdo (CBIR) é a aplicação da visão computacional ao problema da recuperação de imagens, ou seja, o problema da procura de imagens digitais em grandes bases de dados. Neste contexto, o termo "conteúdo" pode referir-se a cores, formas e texturas. O aspeto da cor pode ser obtido através das técnicas de média e histograma. O aspeto da textura pode ser obtido através da utilização de transformadas ou da quantização vetorial. Finalmente, o aspeto da forma pode ser obtido através da utilização de operadores de gradiente ou operadores morfológicos. Algumas das principais áreas de aplicação são: Colecções de arte, diagnóstico médico, prevenção da criminalidade, forças armadas, propriedade intelectual, conceção arquitetónica e de engenharia e sistemas de informação geográfica e de deteção remota.

Recuperação de imagens com base em conteúdos (CBIR)

As imagens são muito ricas em conteúdo, como informações sobre cor, textura e forma. A recuperação de imagens com base na semelhança de cores é conseguida através do cálculo de um histograma de cores para cada imagem que identifica a proporção de pixels numa imagem com valores específicos (que humanos expressam como cores). As pesquisas de cores envolvem normalmente a comparação de histogramas de cores, embora esta não seja a única técnica na prática. As medidas de textura procuram padrões visuais nas imagens e a forma como estes são definidos espacialmente. A identificação de texturas específicas numa imagem é conseguida principalmente através da modelação da textura como uma variação bidimensional dos níveis de cinzento. O brilho relativo dos pares de pixels é calculado de modo a que o grau de contraste, a regularidade, a aspereza e a direccionalidade possam ser estimados. A forma não se refere à forma de uma imagem, mas à forma de uma determinada região que está a ser procurada. As formas são frequentemente determinadas aplicando primeiro a segmentação ou a deteção de bordos a uma imagem. Outros métodos utilizam filtros de forma para identificar determinadas formas de uma imagem. Em alguns casos, a deteção exacta de formas requer a intervenção humana, porque métodos como a segmentação são muito difíceis de automatizar completamente. Este documento aborda a extração de formas utilizando máscaras de deteção de bordos como os operadores de gradiente Sobel, Roberts, Prewitt e Canny.

A Recuperação de Imagens Baseada em Conteúdos (CBIR) é uma área relativamente nova da Informática que abrange técnicas para a recuperação automática (ou automatizada) de objectos de imagem e/ou vídeo através de caraterísticas (por exemplo, cor, textura, forma, movimento, *etc.).* A atual CBIR é frequentemente qualificada como estando na fase "inicial", devido às estatísticas predominantemente simples (histogramas) destas caraterísticas consideradas. No entanto, estas estatísticas simples são geralmente preferidas a estruturas mais sofisticadas como contornos, trajectórias, etc., devido às conhecidas dificuldades encontradas na segmentação de objectos gráficos, mesmo em casos de baixos níveis de ruído na imagem.

Existem sistemas CBIR conhecidos na prática mundial, como o TRADEMARK (1992), o QBIC (1993), o Virage (1995), o Photobook (1997), o ARTISAN (1999), o PictureFinder (2002), *etc.,* mas a maior parte deles só pode ser associada a este CBIR "inicial". Do mesmo modo, embora esteja disponível na Internet um grande número de bases de dados de imagens (IDB), estas também necessitam de ferramentas de recuperação adequadas.

Um sistema CBIR ordinal inclui uma base de dados multimédia (IDB) para guardar imagens e/ou dados de vídeo e para manter consultas típicas do utilizador, uma interface gráfica do utilizador para solicitar resultados de formulação e visualização e técnicas de indexação adequadas para armazenar vectores de caraterísticas. Estas técnicas de indexação estão atualmente a ser intensamente investigadas para encontrar um método eficaz de CBIR rápido ou tolerante ao ruído.

A motivação por detrás deste trabalho é simples. Consideremos a situação em que um utilizador tem apenas um número limitado de exemplos para consultar. Provavelmente, a abordagem mais eficaz é extrair as caraterísticas de imagem de baixo nível destes exemplos limitados e combiná-las para recuperar imagens semelhantes numa coleção. Neste documento, apresentamos uma comparação da utilização de uma combinação linear de pesos iguais para combinar as caraterísticas que formam uma região de interesse com a classificação de vários algoritmos de aprendizagem automática. Também experimentámos a eficácia da recuperação utilizando a imagem completa, uma única região e várias regiões do exemplo de consulta. Quando temos várias imagens ou regiões, utilizamos uma função de combinação para produzir a lista de classificação funcional. Neste documento, os resultados que apresentamos utilizam a semelhança máxima como função de combinação. Para reduzir o problema da segmentação de objectos, testamos a nossa abordagem num domínio em que as regiões são facilmente separadas: uma coleção de bandas desenhadas. Neste domínio, os objectos e as personagens compreendem várias regiões de cor aproximadamente uniforme. Os objectos nas bandas desenhadas têm um tamanho e uma orientação relativamente consistentes, o que orientou a nossa escolha das seguintes caraterísticas de forma baseadas em regiões e contornos: a área da região; o valor médio do nível de cinzento dos pixels na região; a circularidade; e o limite da forma. Não utilizámos quaisquer caraterísticas de textura neste trabalho, uma vez que a cor é uma caraterística muito mais proeminente na coleção de imagens de banda desenhada.

A CBIR difere da recuperação de informação clássica pelo facto de as bases de dados de imagens serem essencialmente não estruturadas, uma vez que as imagens digitalizadas consistem puramente em conjuntos de intensidades de píxeis, sem qualquer significado inerente. Um dos principais problemas em qualquer tipo de processamento de imagens é a necessidade de extrair informação útil dos dados em bruto (como o reconhecimento da presença de formas ou texturas específicas) antes de ser possível qualquer tipo de raciocínio sobre o conteúdo da imagem. Assim, as bases de dados de imagens diferem fundamentalmente das bases de dados de texto, em que o material em bruto já foi estruturado logicamente. Não existe um equivalente de recuperação de nível 1 numa base de dados de texto.

A CBIR inspira-se em muitos dos seus métodos no domínio do processamento de imagens e da visão por computador e é considerada por alguns como um subconjunto desse domínio. Difere destes domínios principalmente pela sua ênfase na recuperação de imagens com as caraterísticas desejadas a partir de uma coleção de dimensão significativa. O processamento de imagens abrange um domínio muito mais vasto, incluindo o melhoramento, a compressão, a transmissão e a interpretação de imagens. Embora existam áreas cinzentas (como o reconhecimento de objectos por análise de caraterísticas), a distinção entre a análise de imagens convencional e a CBIR é geralmente bastante clara. Um exemplo pode tornar este facto claro. Atualmente, muitas forças policiais utilizam sistemas automáticos de reconhecimento facial. Estes sistemas podem ser utilizados de duas maneiras. Em primeiro lugar, a imagem em frente da câmara pode ser comparada com o registo de um indivíduo na base de dados para verificar a sua identidade. Neste caso, apenas duas imagens são comparadas, um processo a que poucos observadores chamariam CBIR. Em segundo lugar, toda a base de dados pode ser pesquisada para encontrar as imagens que mais se aproximam. Este é um exemplo genuíno de CBIR.

As questões de investigação e desenvolvimento em CBIR abrangem uma série de tópicos, muitos dos quais partilhados com o processamento de imagens e a recuperação de informação tradicionais. Alguns dos mais importantes são:

- compreender as necessidades dos utilizadores de imagens e o seu comportamento na procura de informação
- identificação de formas adequadas de descrever o conteúdo da imagem
- extrair essas caraterísticas de imagens em bruto
- armazenamento compacto para grandes bases de dados de imagens
- correspondência entre a consulta e as imagens armazenadas de uma forma que reflicta os juízos de semelhança humanos
- aceder eficazmente a imagens armazenadas por conteúdo
- fornecer interfaces humanas utilizáveis para os sistemas CBER

As principais questões de investigação na recuperação de vídeo incluem:

- deteção automática de disparos e cenas
- formas de combinar vídeo, texto e som para recuperação
- Apresentação eficaz dos resultados da pesquisa para o utilizador.

1.2 Necessidade

No mundo de hoje, cada vez mais informações multimédia são armazenadas em bases de dados, como imagens, áudio e vídeo. Uma imagem pode ser melhor ou mais eficaz do que uma quantidade substancial de texto. Caracteriza também adequadamente os objectivos da visualização, em que grandes quantidades de dados têm de ser absorvidas rapidamente e em que uma imagem vale mais do que mil palavras. Se utilizarmos texto para recuperar/pesquisar uma imagem, o que acontece é que não podemos escrever uma descrição completa da imagem, o que é uma coisa, e se a imagem contiver dados geográficos, então a descrição manual de palavras-chave não é possível, por exemplo: o Google Earth contém dados geográficos. Então, porque é que se deve optar por isto? Depende da língua cultural e não é possível descrever todas as imagens da base de dados. A correspondência de palavras-chave não fornecerá as imagens mais relevantes.

1.3 Objectivos

O projeto aborda novos métodos de recuperação de imagens baseados em caraterísticas de forma extraídas utilizando operadores de gradiente e a técnica de magnitude de declive com codificação de truncagem de blocos (BTC). São propostas quatro variações das técnicas de recuperação de imagens BTC propostas, utilizando máscaras de gradiente como Robert, Sobel, Prewitt e Canny.

1.4 Tema

Recuperação de imagens com caraterísticas de forma extraídas utilizando operadores de gradiente e a técnica de magnitude de declive com codificação de truncagem de blocos.

1.5 Organização

Chapter 2 explica a pesquisa bibliográfica da técnica, pesquisa anterior sobre várias abordagens.

Chapter 3 explica o desenvolvimento do sistema, incluindo o algoritmo utilizado.

Chapter 4 fornece uma análise do sistema.

Chapter 5 apresenta conclusões, aplicações e âmbito futuro da tecnologia.

CAPÍTULO 2

PESQUISA BIBLIOGRÁFICA

2.1 História

A utilização de imagens na comunicação humana não é nova - os antepassados das cavernas pintavam imagens nas paredes das suas cavernas e a utilização de mapas e planos de construção para transmitir informações remonta quase certamente à época pré-romana. Mas o século XX testemunhou um crescimento sem paralelo no número, disponibilidade e importância das imagens em todos os sectores da vida. As imagens desempenham atualmente um papel crucial em domínios tão diversos como a medicina, o jornalismo, a publicidade, o design, a educação e o entretenimento [1].

A tecnologia, sob a forma de invenções como a fotografia e a televisão, desempenhou um papel importante na facilitação da captura e comunicação de dados de imagem. Mas o verdadeiro motor da revolução da imagiologia foi o computador, que trouxe consigo uma série de técnicas de captura, processamento, armazenamento e transmissão de imagens digitais que certamente teriam surpreendido até pioneiros como John Logie Baird [2]. O envolvimento dos computadores na imagiologia pode ser datado de 1965, com o projeto Sketchpad de Ivan Sutherland, que demonstrou a viabilidade da criação, manipulação e armazenamento de imagens por computador, embora o elevado custo do hardware tenha limitado a sua utilização até meados da década de 1980. Quando a imagem computorizada se tornou acessível (em grande parte graças ao desenvolvimento de um mercado de massas para jogos de computador), rapidamente penetrou em áreas que tradicionalmente dependiam muito das imagens para a comunicação, como a engenharia, a arquitetura e a medicina. Também as bibliotecas de fotografia, as galerias de arte e os museus começaram a ver as vantagens de disponibilizar as suas colecções em formato eletrónico. A criação da World-Wide Web no início da década de 1990, que permite aos utilizadores aceder a dados numa variedade de suportes a partir de qualquer ponto do planeta, constituiu um novo estímulo maciço para a exploração de imagens digitais. O número de imagens disponíveis na Web foi recentemente estimado entre 10 e 30 milhões, um número que alguns observadores consideram ser uma subestimação significativa [3],

2.2 Técnicas CBIR de nível atual

Em contraste com a abordagem baseada em texto dos sistemas, a CBIR funciona segundo um princípio totalmente diferente, recuperando imagens armazenadas de uma coleção através da comparação de caraterísticas extraídas automaticamente das próprias imagens. As caraterísticas mais comuns utilizadas são medidas matemáticas de cor, textura ou forma; assim, praticamente todos os actuais sistemas CBIR, comerciais ou experimentais, funcionam no nível 1. Um sistema típico permite que os utilizadores formulem consultas enviando um exemplo do tipo de imagem que procuram, embora alguns ofereçam alternativas como a seleção a partir de uma paleta ou a introdução de um esboço. O sistema identifica então as imagens armazenadas cujos valores de caraterísticas correspondem mais de perto aos da consulta e apresenta miniaturas dessas imagens no ecrã Error! Fonte de referência não encontrada.

Alguns dos tipos de caraterísticas mais comuns utilizados na recuperação de imagens são descritos a seguir. A CBIR funciona segundo um princípio totalmente diferente, recuperando/pesquisando imagens armazenadas numa coleção através da comparação de caraterísticas extraídas automaticamente das próprias imagens [4].
As caraterísticas mais comuns utilizadas são medidas matemáticas de cor, textura ou forma (básicas). Um sistema (CBIR) permite que os utilizadores formulem consultas enviando um exemplo do tipo de imagem que se procura (entrada), embora alguns ofereçam alternativas como a seleção a partir de uma paleta ou esboço de entrada, também podemos selecionar texturas de cores ou qualquer outra informação visual. O sistema identifica então as imagens armazenadas cujos valores de caraterísticas correspondem mais de perto aos da consulta (lado direito) e apresenta miniaturas dessas imagens no ecrã, como na fig. 2.1.

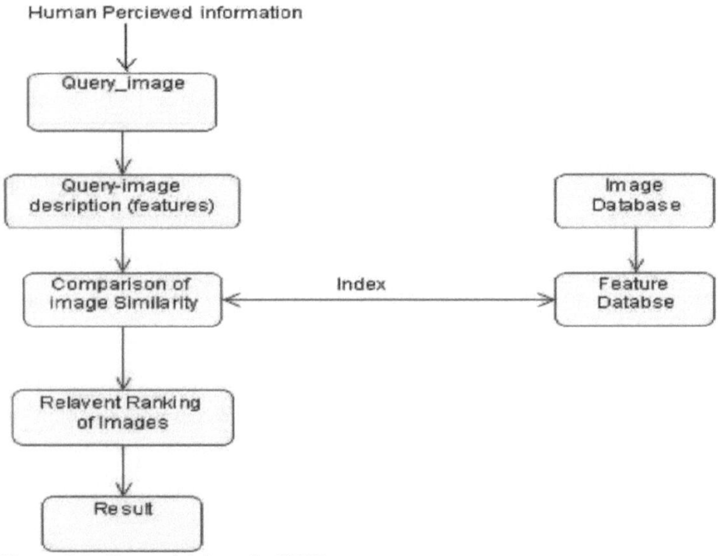

Figura 2.1: Passos básicos do CBIR.

2.2. 1Recuperação de cores

Foram descritos na literatura vários métodos de recuperação de imagens com base na semelhança de cores, mas a maioria são variações da mesma ideia básica. Cada imagem adicionada à coleção é analisada para calcular um histograma de cores que mostra a proporção de pixels de cada cor na imagem [5]. O histograma de cores de cada imagem é então armazenado na base de dados. No momento da pesquisa, o utilizador pode especificar a proporção desejada de cada cor (75% de verde azeitona e 25% de vermelho, por exemplo).

exemplo), ou apresentar uma imagem de exemplo a partir da qual é calculado um histograma de cores. Em qualquer dos casos, o processo de correspondência recupera as imagens cujos histogramas de cor correspondem aos da consulta. A técnica de correspondência mais comummente utilizada, a intersecção de histogramas, foi desenvolvida pela primeira vez por Swain e Ballard [6]. As variantes desta técnica são agora utilizadas numa grande parte dos actuais sistemas CBIR. Os métodos para melhorar a técnica original de Swain e Ballard incluem a utilização de histogramas de cor cumulativos, a combinação da intersecção de histogramas com algum elemento de correspondência espacial e a utilização de consultas de cor baseadas em regiões. Os resultados de alguns destes sistemas podem ser bastante impressionantes [7],

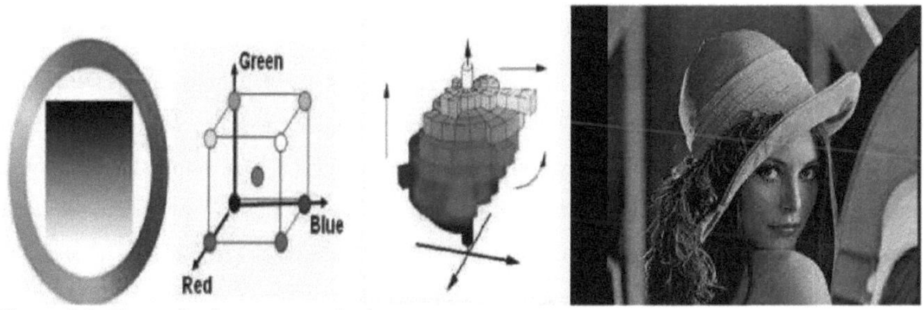

Figura 2.2: Exemplo de recuperação de cores.

2.2. 2Recuperação de textura

A capacidade de recuperar imagens com base na semelhança de texturas pode não parecer muito útil. Mas a capacidade de correspondência com base na semelhança de textura pode muitas vezes ser útil para distinguir entre áreas de imagens com cores semelhantes (como céu e mar, ou folhas e relva). Foi utilizada uma variedade de técnicas para medir a semelhança de texturas; as mais bem estabelecidas baseiam-se na comparação de valores do que é conhecido como estatísticas de segunda ordem calculadas a partir de imagens consultadas e armazenadas. Essencialmente, estas calculam o brilho relativo de pares de pixéis selecionados de cada imagem [8]. A partir destas é possível calcular medidas de textura da imagem, como o grau de contraste, aspereza, direccionalidade e regularidade, ou periodicidade, direccionalidade e aleatoriedade. Métodos alternativos de análise de textura para recuperação incluem a utilização de filtros de Gabor e fractais. As consultas de textura podem ser formuladas de forma semelhante às consultas de cor, selecionando exemplos de texturas desejadas a partir de uma paleta ou fornecendo uma imagem de consulta de exemplo. O sistema recupera então imagens com medidas de textura mais semelhantes em valor à consulta. Uma extensão recente da técnica é o tesauro de textura, que recupera regiões texturizadas em imagens com base na semelhança com palavras de código automaticamente derivadas que representam classes importantes de textura dentro da coleção [9].

Figura 2.3: Exemplo de recuperação de textura.

2.2.1 Recuperação de formas

A capacidade de identificar objectos pela forma é talvez o requisito mais óbvio ao nível primitivo. Ao contrário da textura, a forma é um conceito bastante bem definido - e há provas consideráveis de que os objectos naturais são reconhecidos principalmente pela sua forma. São calculadas várias caraterísticas da forma do objeto (mas independentemente do tamanho ou da orientação) para cada objeto identificado em cada imagem armazenada. As consultas são então respondidas calculando o mesmo conjunto de caraterísticas para a imagem consultada e recuperando as imagens armazenadas cujas caraterísticas mais se aproximam das da consulta. São normalmente utilizados dois tipos principais de caraterísticas de forma - caraterísticas globais, como a relação de aspeto, a circularidade e os invariantes de momento, e caraterísticas locais, como conjuntos de segmentos de contorno consecutivos. Os métodos alternativos propostos para a correspondência de formas incluem a deformação elástica de modelos, a comparação de histogramas direcionais de arestas extraídas da imagem e choques, representações esqueléticas da forma do objeto que podem ser comparadas utilizando técnicas de correspondência gráfica. As consultas aos sistemas de recuperação de formas são formuladas através da identificação de uma imagem de exemplo para servir de consulta ou de um esboço desenhado pelo utilizador [10, 11],

A correspondência de formas de objectos tridimensionais é uma tarefa mais difícil - particularmente quando só está disponível uma única vista bidimensional do objeto em questão. Embora não seja possível uma solução geral para este problema, foram feitas algumas incursões úteis no problema da identificação de, pelo menos, algumas instâncias de um dado objeto a partir de diferentes pontos de vista. Uma das abordagens consiste em construir um conjunto de modelos 3D plausíveis a partir da imagem 2D disponível e compará-los com outros modelos da base de dados. Outra consiste em gerar uma série de vistas bidimensionais alternativas de cada objeto da base de dados, cada uma das quais é comparada com a imagem de consulta. As questões de investigação relacionadas com esta área incluem a definição de medidas de semelhança de formas 3-D e a disponibilização de meios para os utilizadores formularem consultas sobre formas 3-D [12],

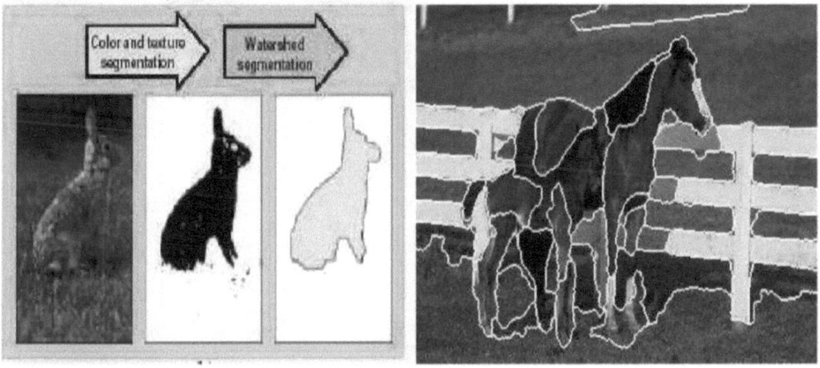

Figura 2.4: Exemplo de recuperação de formas.

2.2.2 Recuperação por outros tipos de caraterísticas primitivas

Um dos meios mais antigos de aceder a dados pictóricos é a recuperação pela sua posição numa imagem. O acesso a dados por localização espacial é um aspeto essencial dos sistemas de informação geográfica, e há muitos anos que existem métodos eficientes para o conseguir. Técnicas semelhantes foram aplicadas a colecções de imagens, permitindo aos utilizadores procurar imagens que contenham objectos com relações espaciais definidas entre si. Estão ainda a ser propostos algoritmos melhorados para a recuperação espacial. A indexação espacial raramente é útil por si só, embora se tenha revelado eficaz em combinação com outras pistas, como a cor e a forma [13].

(a) (b)

Figura 2.5: Exemplo de caraterística primitiva.

2. 3Sistemas existentes

Apesar das deficiências da atual tecnologia CBIR, vários sistemas de recuperação de imagens estão agora disponíveis como pacotes comerciais, com versões de demonstração de muitos outros disponíveis na Web.

2.3. 1Sistemas comerciais

O sistema QBIC da IBM é provavelmente o mais conhecido de todos os sistemas de recuperação de conteúdos de imagens. Está disponível comercialmente, quer de forma autónoma, quer como parte de outros produtos IBM, como a DB2 Digital Library. Permite a recuperação por qualquer combinação de cor, textura ou forma, bem como por palavra-chave de texto. As consultas de imagens podem ser formuladas por seleção a partir de uma paleta, especificando um exemplo de imagem de consulta ou desenhando uma forma desejada no ecrã. O sistema extrai e armazena caraterísticas de cor, forma e textura de cada imagem adicionada à base de dados e utiliza índices de árvore R* para melhorar a eficiência da pesquisa. No momento da pesquisa, o sistema faz a correspondência entre as caraterísticas adequadas da consulta e as imagens armazenadas, calcula uma pontuação de semelhança entre a consulta e cada imagem armazenada examinada e apresenta as imagens mais semelhantes no ecrã como miniaturas. A versão mais recente do sistema incorpora técnicas de indexação mais eficientes, uma interface de utilizador melhorada, a capacidade de pesquisar imagens a nível de cinzento e um recurso de storyboarding de vídeo [14].

2.3.2 Sistemas experimentais

Foi desenvolvido um grande número de sistemas experimentais, principalmente por instituições académicas, a fim de demonstrar a viabilidade de novas técnicas. Muitos deles estão disponíveis como versões de demonstração na Web.

O sistema Netra utiliza informações sobre a textura da cor, a forma e a localização espacial para efetuar uma pesquisa regional com base numa imagem local. Uma caraterística interessante é a sua utilização de técnicas sofisticadas de segmentação de imagens. Um exemplo de tecnologia CBIR europeia é o sistema Surfimage do INRIA, em França. Este sistema tem uma filosofia semelhante à do sistema MARS, utilizando vários tipos de caraterísticas de imagem que podem ser combinadas de diferentes formas e oferecendo recursos sofisticados de feedback de relevância.

2.3.3 Sistema automatizado

No sistema automatizado, adoptámos a análise de componentes principais (PCA) para reduzir a dimensionalidade na recuperação de imagens de mapas cinzentos, calculando a média da imagem por coluna e tornando-a o índice para representar essa imagem na base de dados de caraterísticas [15].

Para melhorar o método acima descrito, calculámos a média dos principais pixéis diagonais da imagem e utilizámo-la como índice. Neste caso, o tempo de cálculo da média é reduzido, mas a precisão para recuperar a imagem exacta é reduzida, especialmente quando existe um grande conjunto de imagens na base de dados. Neste método, podemos armazenar até diferentes imagens com a mesma resolução e tamanho. Na análise do histograma para recuperar as imagens em escala de cinzentos, demos a flexibilidade de alterar o número de posições durante o cálculo das contagens do histograma. Na análise de componentes de cor para recuperar as imagens semelhantes, implementámos a fórmula da distância euclidiana para calcular a distância entre a imagem de consulta e as imagens presentes na base de dados. As imagens que se situam dentro do limiar especificado são recuperadas. Podemos alterar o valor do limiar de acordo com as nossas necessidades [16].

2.4 Codificação de truncagem de blocos (BTC)

A codificação por truncagem de blocos (BTC) é uma técnica simples de codificação de imagem desenvolvida nos primeiros anos da imagem digital. Este método começa por dividir a imagem a codificar em pequenos blocos de imagem não sobrepostos, normalmente de tamanho 4x4 pixéis, para obter uma qualidade razoável. Os pequenos blocos são codificados um de cada vez. Para cada bloco, os pixéis originais dentro do bloco são codificados utilizando um mapa de bits binário com o mesmo tamanho de cor média superior (UM) que os blocos originais e dois valores de pixéis médios. O método começa por calcular o valor médio do pixel de todo o bloco e, em seguida, cada pixel desse bloco é comparado com a média do bloco. Se um píxel for maior ou igual à média do bloco, a posição correspondente do píxel do mapa de bits terá um valor de 1, caso contrário terá um valor de 0. São também calculados dois valores médios de píxeis, um para os píxeis maiores ou iguais à média do bloco e outro para os píxeis menores que a média do bloco. Na fase de descodificação, os pequenos blocos são descodificados um de cada vez. Para cada bloco, as posições de píxeis em que o mapa de bits correspondente tem um valor de 1 são substituídas por um valor médio de píxeis e as posições de píxeis em que o mapa de bits correspondente tem um valor de 0 são substituídas por outro valor médio de píxeis.

Foi bastante natural alargar o BTC a imagens multi-espectrais. A maior parte das imagens a cores são registadas no espaço RGB, que é talvez o espaço de cor mais conhecido. Como descrito anteriormente, o BTC divide a imagem a codificar em pequenos blocos e codifica-os um de cada vez. Para o BTC de um único mapa de bits de uma imagem a cores, é criado um único mapa de bits binário do mesmo tamanho que o bloco e são calculadas duas cores para aproximar os pixels dentro do bloco. Para criar um mapa de bits binário no espaço RGB, começa-se por criar uma imagem média interbanda (IBAI) e encontra-se um valor escalar único como valor limiar. O mapa de bits é então criado comparando os pixéis na IBAI com o valor limiar [17].

2.4.1 Panorama histórico

O problema da forma como se armazena e transmite uma imagem digital tem sido um tema de investigação há mais de 40 anos e foi inicialmente impulsionado por aplicações militares e pela NASA. O problema, dito de forma simples, é como representar eficientemente uma imagem em formato binário? Este é o problema da compressão de imagens. Trata-se de um caso especial do problema da codificação de fontes abordado por Shannon no seu artigo de referência sobre sistemas de comunicação. O que é diferente na compressão de imagens é o facto de terem sido desenvolvidas técnicas que exploram a natureza única da imagem e do observador. Estas incluem a natureza espacial dos dados e do sistema visual humano. A "eficiência" da representação depende de duas propriedades de cada técnica de compressão de imagem: a taxa de dados (em bits/pixel) e a distorção na imagem descomprimida. A taxa de dados é uma medida da largura de banda necessária para transmitir a imagem ou do espaço necessário para a armazenar. 1 O ideal é que seja o mais pequeno possível. Se a imagem descomprimida for exatamente igual à imagem original, diz-se que a técnica é sem perdas. Caso contrário, a técnica é com perdas e a imagem descomprimida apresenta distorções ou artefactos de codificação. Dependendo da aplicação, pode muitas vezes trocar-se a distorção pela taxa de dados, pelo que, se um utilizador estiver disposto a aceitar imagens com mais distorção, a taxa de dados pode muitas vezes ser inferior. Foram desenvolvidos métodos estatísticos e estruturais para a compressão de imagens, sendo os primeiros baseados nos princípios da codificação da fonte, com ênfase na estrutura algébrica dos pixéis de uma imagem, enquanto os últimos métodos exploram a estrutura geométrica da imagem. Nos últimos anos, tem havido uma grande atividade na formulação de normas para a compressão de imagem e vídeo. Os resultados são as normas JPEG e MPEG analisadas nos capítulos 5.5 e 6.4. A maioria dos métodos de compressão estatística de imagens é implementada através da segmentação da imagem em blocos não sobrepostos, uma vez que a divisão das imagens em blocos permite que o algoritmo de compressão de imagens se adapte às estatísticas locais da imagem [18].

A desvantagem, no entanto, é que os limites dos blocos são frequentemente visíveis na imagem descodificada2. Neste capítulo, descrevemos uma técnica de compressão de imagem com perdas conhecida como Codificação de Truncagem de Blocos. Nos termos mais simples possíveis: BTC é um esquema de codificação binária adaptável a blocos baseado na quantização com preservação de momento. Os conceitos básicos da BTC surgiram em 17 de março de 1977 no gabinete de O. Robert Mitchell na Universidade de Purdue, durante uma conversa entre Mitchell e o seu aluno de doutoramento Edward J. Delp. Delp e Mitchell discutiram muitas ideias relativas à forma como se poderia explorar momentos estatísticos no contexto da compressão de imagens. Delp começou a trabalhar neste conceito como parte da sua tese de doutoramento. Os primeiros artigos sobre BTC apareceram na Conferência Internacional de Comunicações do IEEE em 1978 e 1979. Os primeiros artigos de jornal também apareceram em 1979, juntamente com a tese de Delp. Desde 1977, muito trabalho tem sido feito sobre BTC. Foram publicados mais de 200 artigos em revistas, 400 artigos em conferências, 40 teses de doutoramento e um livro sobre BTC. O BTC foi um candidato final para a norma de compressão JPEG em 1987. Na próxima secção, descreveremos o algoritmo BTC básico, seguido de uma descrição da quantização com preservação do momento. Descrevemos depois várias extensões ao BTC e aplicações [19].

2.4.2 Noções básicas de BTC

O algoritmo BTC básico é um método de compressão de comprimento fixo com perdas que utiliza um quantizador de nível *Q* para quantizar uma região local da imagem. Os níveis do quantizador são escolhidos de forma a que um certo número de momentos de uma região local da imagem seja preservado na saída quantizada. Na sua forma mais simples, o objetivo do BTC é preservar a média da amostra e o desvio padrão da amostra da imagem em escala de cinzentos, podendo ser acrescentadas restrições adicionais para preservar momentos de ordem superior. Por esta razão, o BTC é um quantizador de preservação de momento adaptativo em bloco [20].

O primeiro passo do algoritmo consiste em dividir a imagem em regiões rectangulares não sobrepostas. Por uma questão de simplicidade, deixamos que os blocos sejam regiões quadradas de tamanho n x n, em que n é tipicamente 4. Para um quantizador de dois níveis (1 bit), a ideia é selecionar dois valores de luminância para representar cada pixel no bloco. Estes valores são selecionados de forma a que a média da amostra e o desvio padrão do bloco reconstruído sejam idênticos aos do bloco original. Um mapa de bits n x n é então utilizado para determinar se o valor de luminância de um pixel está acima ou abaixo de um determinado limiar. Para ilustrar o funcionamento do BTC, vamos deixar que a média da amostra do bloco seja o limiar; um "1" indicaria então se um valor de pixel original está acima deste limiar, e "0" se está abaixo. Uma vez que o BTC produz um mapa de bits para representar um bloco, é classificado como um método de codificação de imagem de padrão binário. O processo de limiarização permite reproduzir uma aresta nítida com elevada fidelidade, tirando partido da capacidade do sistema visual humano para efetuar a integração espacial local e mascarar os erros. A Figura 1 ilustra o processo de codificação BTC para um bloco. Observe como a comparação dos valores dos pixels do bloco com um limiar selecionado produz o mapa de bits [21].

Ao conhecer o mapa de bits para cada bloco, o algoritmo de descompressão/reconstrução sabe se um pixel é mais claro ou mais escuro do que a média. Assim, para cada bloco, são necessários dois valores da escala de cinzentos, a e b, para representar as duas regiões. Estes valores são obtidos a partir da média da amostra e do desvio padrão da amostra do bloco e são armazenados juntamente com o mapa de bits. A Figura 2 ilustra o processo de descompressão. De seguida, explica-se como a e b são determinados. No exemplo ilustrado nas Figuras 1 e 2, a imagem foi comprimida de 8 bits por pixel para 2 bits por pixel (bpp). Isto deve-se ao facto de o BTC necessitar de 16 bits para o mapa de bits, 8 bits para a média da amostra e 8 bits para o desvio padrão da amostra. Assim, todo o bloco 4x4 requer 32 bits e, por conseguinte, a taxa de dados é de 2 bpp. A partir deste exemplo, é fácil compreender como se pode conseguir uma taxa de dados menor selecionando um tamanho de bloco maior, ou atribuindo menos bits para a média da amostra ou para o desvio padrão da amostra. Discutiremos mais adiante como a taxa de dados pode ser reduzida ainda mais [22].

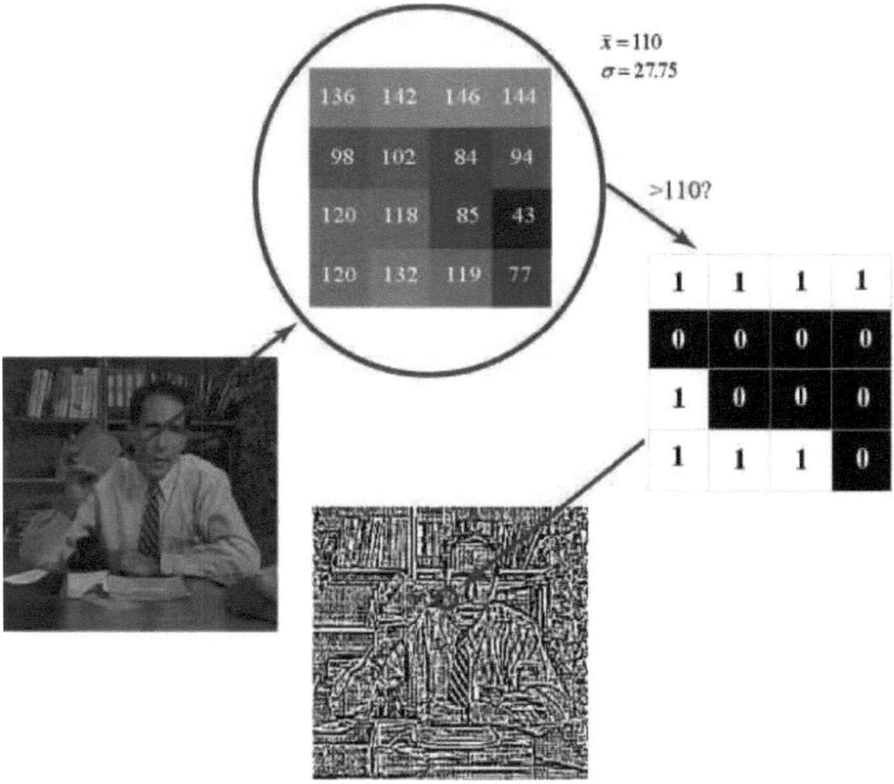

Figura 2.6: Ilustração do processo de compressão BTC.

Para compreender como a e b são obtidos, seja *k* o número de pixels de um bloco *nxn (k=n2)* e xi, x2, xk os valores de intensidade dos pixels num bloco da imagem original. Os dois primeiros momentos de amostragem mi e m2 são dados por

$$m1 = x' = \frac{1}{k}\sum_{i=1}^{k} xi$$

$$m2 = \frac{1}{k}\sum_{i=1}^{k} xi^2$$

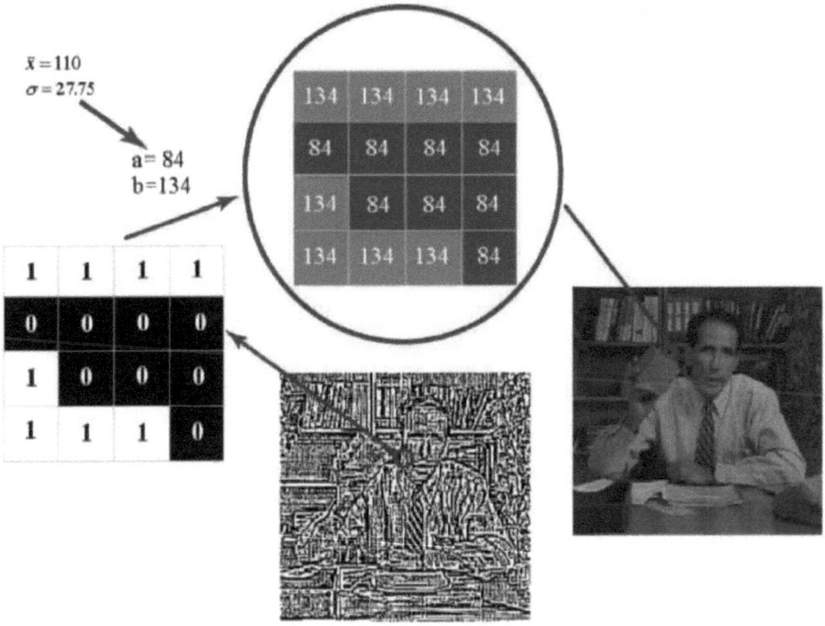

Figura 2.7: Ilustração do processo de descompressão BTC, e o desvio padrão amostral s é dado por

$\sigma^2 = (m2 - m1)^2$

O quantizador de um bit para um bloco e um limiar, *xth,* como mostrado na Figura 3, é definido por

$$\text{Output} = \begin{cases} b & \text{if } xi > xth \\ a & \text{if } xi < xth \end{cases} \qquad \text{for } i = 1,2,\ldots..,k$$

No exemplo ilustrado, a média pode ser selecionada como o limiar do quantizador. Podem também ser utilizados outros limiares, como a mediana da amostra. Outra forma de determinar o limiar é efetuar uma pesquisa exaustiva de todos os valores de intensidade possíveis para encontrar um limiar que minimize uma medida de distorção relativa à imagem reconstruída.

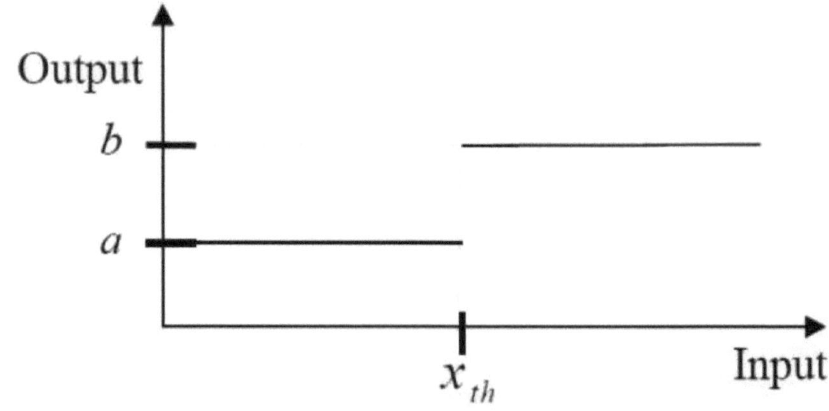

Figura 2.8: Quantificador binário

Uma vez selecionado um limiar, xth, os níveis de saída do quantizador (a e b) são encontrados de forma a que o primeiro e o segundo momentos sejam preservados na saída. Se deixarmos q ser o número de pixels num bloco que são maiores ou iguais a xth em valor, temos:

$$k.m1 = (k - q).a + q.b$$
$$k.m2 = (k - q).a^2 + q.b^2$$

Resolver para a e b:

$$a = m1 - \sigma\sqrt{q/(k-q)}$$
$$b = m1 - \sigma\sqrt{(k-q)/q}$$

Em vez de selecionar o limiar como sendo a média, pode ser acrescentada uma restrição adicional a (4), a fim de determinar o limiar do quantizador. Isto é feito através da preservação do terceiro momento de amostragem (m3):

$$k.m3 = (k - q).a^3 + q.b^3$$

Em que m3 é dado por

$$m3 = \frac{1}{k}\sum_{i=1}^{k} xi^3$$

Uma vez que q é definido como o número de xi's maior ou igual a x-ésimo, o limiar é então implicitamente determinado por q:

$$q = \frac{k}{2}\left[1 + A\sqrt{\frac{1}{A^2+4}}\right], \text{ where } \quad A = \frac{3 \cdot m_1 m_2 - m_3 - 2 \cdot m_1^{\ 3}}{\sigma^3} (\sigma \neq 0).$$

2.5 Fundamentos da deteção de bordas

A deteção de bordos refere-se ao processo de identificação e localização de descontinuidades acentuadas numa imagem. As descontinuidades são mudanças bruscas na intensidade dos pixels que caracterizam os limites dos objectos numa cena. Os métodos clássicos de deteção de limites envolvem a convolução da imagem com um operador (um filtro 2-D), que é construído de forma a ser sensível a grandes gradientes na imagem, devolvendo valores de zero em regiões uniformes. Existe um número extremamente grande de operadores de deteção de bordos disponíveis, cada um concebido para ser sensível a determinados tipos de bordos [23, 24]. As variáveis envolvidas na seleção de um operador de deteção de arestas incluem

- **Orientação das arestas:** A geometria do operador determina uma direção caraterística na qual é mais sensível às arestas. Os operadores podem ser optimizados para procurar arestas horizontais, verticais ou diagonais.
- **Ambiente ruidoso:** A deteção de arestas é difícil em imagens com ruído, uma vez que tanto o ruído como as arestas contêm conteúdos de alta frequência. As tentativas de reduzir o ruído resultam em arestas desfocadas e distorcidas. Os operadores utilizados em imagens com ruído têm normalmente um âmbito maior, pelo que podem calcular a média de dados suficientes para descontar os pixéis com ruído localizados. Isto resulta numa localização menos precisa das arestas detectadas.
- **Estrutura das arestas:** Nem todas as margens envolvem uma mudança gradual de intensidade. Efeitos como a refração ou a má focagem podem resultar em objectos com limites definidos por uma alteração gradual da intensidade. Nesses casos, o operador tem de ser escolhido de forma a responder a essa mudança gradual. As técnicas mais recentes baseadas em wavelets caracterizam efetivamente a natureza da transição para cada limite, a fim de distinguir, por exemplo, os limites associados ao cabelo dos limites associados a um rosto [25].

Existem muitas formas de efetuar a deteção de arestas. No entanto, a maioria dos diferentes métodos pode ser agrupada em duas categorias:

- **Gradiente:** O método do gradiente detecta as arestas procurando o máximo e o mínimo na primeira derivada da imagem.

-Laplaciano : O método Laplaciano procura por cruzamentos de zero na segunda derivada da imagem para encontrar bordas. Uma aresta tem a forma unidimensional de uma rampa e o cálculo da derivada da imagem pode realçar a sua localização. Suponha que temos o seguinte sinal, com uma borda mostrada pelo salto na intensidade abaixo:

Suponha que temos o seguinte sinal, com uma borda mostrada pelo salto na intensidade abaixo:

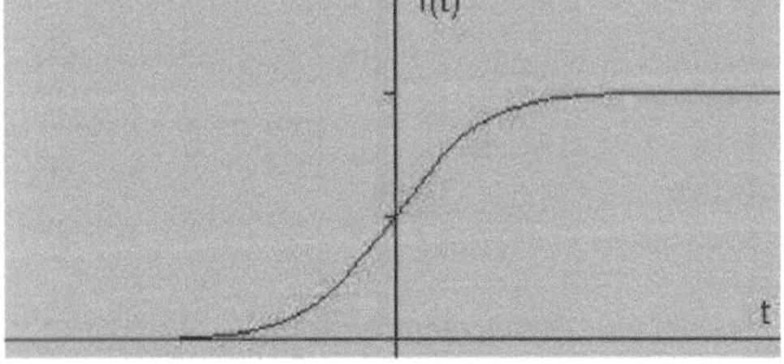

Figura 2.9: Sinal com uma borda.

Se tomarmos o gradiente deste sinal (que, numa dimensão, é apenas a primeira derivada em relação a t) obtemos o seguinte:

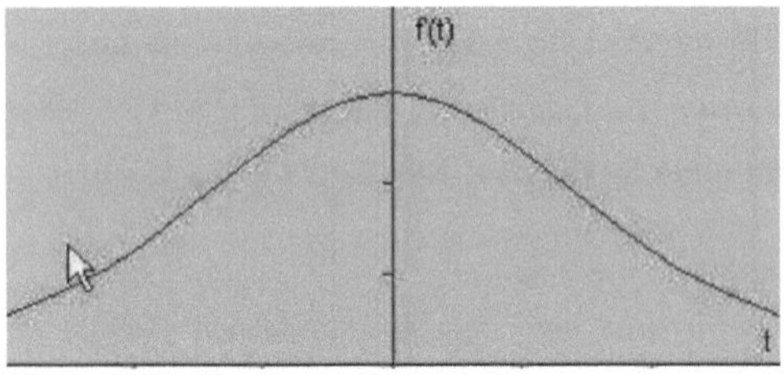

Figura 2.10: Gradiente deste sinal

Claramente, a derivada mostra um máximo localizado no centro da borda no sinal original. Este método de localização de uma aresta é caraterístico da família de filtros de deteção de arestas "filtro de gradiente" e inclui o método Sobel. A localização de um pixel é declarada uma localização de borda se o valor do gradiente exceder um determinado limite. Tal como mencionado anteriormente, as arestas terão valores de intensidade de píxeis mais elevados do que os que as rodeiam. Assim, uma vez definido um limiar, é possível comparar o valor do gradiente com o valor do limiar e detetar uma aresta sempre que o limiar for ultrapassado. Além disso, quando a primeira derivada está no máximo, a segunda derivada é zero. Como resultado, outra alternativa para encontrar a localização de uma aresta é localizar os zeros na segunda derivada [26]. Este método é conhecido como Laplaciano e a segunda derivada do sinal é mostrada abaixo:

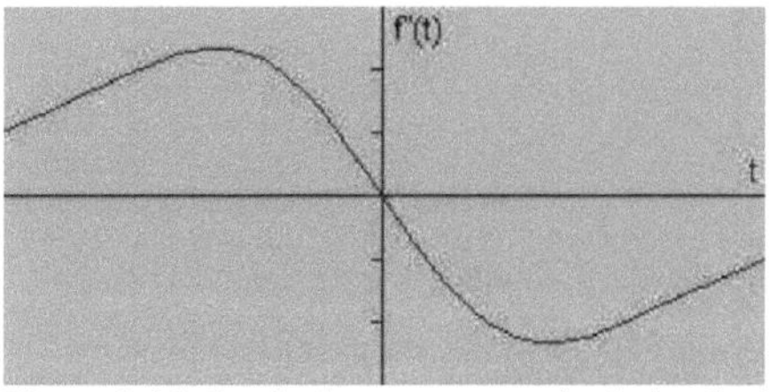

Figura 2.11: Laplaciano e a segunda derivada do sinal.

2.5.1 Técnicas de deteção de bordos

Operador Sobel

O operador consiste num par de núcleos de convolução 3 *3, como se mostra na Figura 2.11. Um núcleo é simplesmente o outro rodado de 90°.

-1	0	+1
-2	0	+2
-1	0	+1

Gx

+1	+2	+1
0	0	0
-1	-2	-1

Gy

Figura 2.12: Núcleos de convolução do operador Sobel.

Estes núcleos são concebidos para responder ao máximo às arestas que correm vertical e horizontalmente em relação à grelha de pixels, um núcleo para cada uma das duas orientações perpendiculares. Os núcleos podem ser aplicados separadamente à imagem de entrada, para produzir medições separadas do componente de gradiente em cada orientação (designados por Gx e Gy). Estes podem então ser combinados para encontrar a magnitude absoluta do gradiente em cada ponto e a orientação desse gradiente [27]. A magnitude do gradiente é dada por:

$$|G| = \sqrt{Gx^2 + Gy^2}$$

Normalmente, calcula-se uma grandeza aproximada utilizando:

$$|G| = |Gx| + |Gy|$$

O cálculo é muito mais rápido.

O ângulo de orientação da aresta (relativamente à grelha de pixels) que dá origem ao gradiente espacial é dado por:

$$\theta = \arctan(Gy/Gx)$$

O operador de cruzamento do Robert:

O operador Roberts Cross efectua uma medição simples e rápida do gradiente espacial 2-D numa imagem. Os valores dos pixels em cada ponto da saída representam a magnitude absoluta estimada do gradiente espacial da imagem de entrada nesse ponto [28].

O operador consiste num par de núcleos de convolução 2x2, como se mostra na figura. Um núcleo é simplesmente o outro rodado em 90°. Isto é muito semelhante ao operador Sobel.

+1	0
0	-1

Gx

0	+1
-1	0

Gy

Figura 2.13: Núcleos de convolução do operador de Robert.

Estes núcleos são concebidos para responder ao máximo às arestas que correm a 45° em relação à grelha de pixels, um núcleo para cada uma das duas orientações perpendiculares [29]. Os kernels podem ser aplicados separadamente à imagem de entrada, para produzir medidas separadas da componente de gradiente em cada orientação (designadas por Gx e Gy). Estes podem então ser combinados para encontrar a magnitude absoluta do gradiente em cada ponto e a orientação desse gradiente. A magnitude do gradiente é dada por:

$$|G| = \sqrt{Gx^2 + Gy^2}$$

Embora, normalmente, seja calculada uma grandeza aproximada utilizando:

$$|G| = |Gx| + |Gy|$$

O cálculo é muito mais rápido.

O ângulo de orientação da aresta que dá origem ao gradiente espacial (relativamente à orientação da grelha de píxeis) é dado por:

$$\theta = \arctan(Gy/Gx) - 3\pi/4$$

Operador de Prewitt:

O operador Prewitt é semelhante ao operador Sobel e é utilizado para detetar arestas verticais e horizontais em imagens.

$$h_1 = \begin{bmatrix} 1 & 1 & 1 \\ 0 & 0 & 0 \\ -1 & -1 & -1 \end{bmatrix} \qquad h_3 = \begin{bmatrix} -1 & 0 & 1 \\ -1 & 0 & 1 \\ -1 & 0 & 1 \end{bmatrix}$$

Figure 2.14: Núcleos de convolução do operador de Prewitt.

Algoritmo de deteção de arestas de Canny

O algoritmo de deteção de arestas de Canny é conhecido por muitos como o detetor de arestas ideal. As intenções de Canny eram melhorar os muitos detectores de bordos já existentes na altura em que iniciou o seu trabalho. Foi muito bem sucedido na concretização do seu objetivo e as suas ideias e métodos podem ser encontrados no seu artigo "A Computational Approach to Edge Detection". No seu artigo, seguiu uma lista de critérios para melhorar os métodos actuais de deteção de margens. O primeiro e mais óbvio é a baixa taxa de erro. É importante que as arestas que ocorrem nas imagens não passem despercebidas e que NÃO haja respostas a não arestas. O segundo critério é que os pontos de borda sejam bem localizados. Por outras palavras, a distância entre os pixels da aresta, tal como encontrados pelo detetor, e a aresta real deve ser mínima. Um terceiro critério é ter apenas uma resposta para uma única borda. Este critério foi implementado porque os dois primeiros não eram suficientemente substanciais para eliminar completamente a possibilidade de respostas múltiplas a uma aresta [30].

Com base nestes critérios, o detetor de bordos canny começa por suavizar a imagem para eliminar o ruído. De seguida, encontra o gradiente da imagem para realçar as regiões com derivadas espaciais elevadas. O algoritmo segue então ao longo destas regiões e suprime qualquer pixel que não esteja no máximo (supressão não máxima). O conjunto de gradientes é agora ainda mais reduzido por histerese. A histerese é utilizada para seguir o rasto dos restantes pixels que não foram suprimidos. A histerese utiliza dois limiares e, se a magnitude for inferior ao primeiro limiar, é fixada em zero (não é uma borda). Se a magnitude estiver acima do limiar superior, é transformada numa margem. E se a magnitude estiver entre os dois limiares, então é definida como zero, a menos que haja um caminho deste pixel para um pixel com um gradiente acima de T2 [31, 32, 33].

Passo 1

Para implementar o algoritmo de deteção de arestas canny, é necessário seguir uma série de passos.

O primeiro passo é filtrar qualquer ruído na imagem original antes de tentar localizar e detetar quaisquer arestas. E como o filtro Gaussiano pode ser calculado usando uma máscara simples, ele é usado exclusivamente no algoritmo Canny. Uma vez que uma máscara adequada tenha sido calculada, a suavização gaussiana pode ser realizada usando métodos de convolução padrão. Uma máscara de convolução é normalmente muito mais pequena do que a imagem real. Como resultado, a máscara é deslizada sobre a imagem, manipulando um quadrado de pixels de cada vez. Quanto maior for a largura da máscara Gaussiana, menor será a sensibilidade do detetor ao ruído. O erro de localização nas arestas detectadas também aumenta ligeiramente à medida que a largura da Gaussiana aumenta. A máscara Gaussiana utilizada na minha implementação é mostrada abaixo.

$\frac{1}{115}$

2	4	5	4	2
4	9	12	9	4
5	12	15	12	5
4	9	12	9	4
2	4	5	4	2

Figure 2.15: Aproximação discreta à função gaussiana $\sigma = 1,4$

Passo 2

Depois de suavizar a imagem e eliminar o ruído, o passo seguinte consiste em encontrar a intensidade da borda tomando o gradiente da imagem. O operador Sobel efectua uma medição do gradiente espacial 2-D numa imagem. Em seguida, pode ser encontrada a magnitude aproximada do gradiente absoluto (intensidade do contorno) em cada ponto. O operador Sobel utiliza um par de máscaras de convolução 3x3, uma estimando o gradiente na direção x (colunas) e a outra estimando o gradiente na direção y (linhas). São mostradas a seguir:

-1	0	+1
-2	0	+2
-1	0	+1

Gx

+1	+2	+1
0	0	0
-1	-2	-1

Gy

A magnitude, ou força da borda, do gradiente é então aproximada usando a fórmula:

$$|G| = |Gx| + |Gy|$$

Passo 3

A direção da aresta é calculada utilizando o gradiente nas direcções x e y. No entanto, será gerado um erro quando a soma X for igual a zero. Por isso, no código, tem de haver uma restrição definida sempre que isto acontece. Sempre que o gradiente na direção x é igual a zero, a direção da aresta tem de ser igual a 90 graus ou 0 graus, dependendo do valor do gradiente na direção y. Se GY tiver um valor de zero, a direção do bordo será igual a 0 graus. Caso contrário, a direção da aresta será igual a 90 graus. A fórmula para encontrar a direção da aresta é simples:

$$\text{Theta} = \text{invtan}\,(Gy / Gx)$$

Passo 4

Uma vez conhecida a direção da aresta, o passo seguinte é relacionar a direção da aresta com uma direção que possa ser traçada numa imagem. Assim, se os pixéis de uma imagem 5x5 estiverem alinhados da seguinte forma:

x x x x x
x x x x x
x x a x x
x x x x x
x x x x x

Depois, pode ver-se que, olhando para o pixel "a", só há quatro direcções possíveis ao descrever os pixels circundantes - 0 graus (na direção horizontal), 45 graus (ao longo da diagonal positiva), 90 graus (na direção vertical) ou 135 graus (ao longo da diagonal negativa). Assim, agora a orientação da borda tem de ser resolvida numa destas quatro direcções, dependendo da direção de que está mais próxima (por exemplo, se o ângulo de orientação for de 3 graus, faça-o a zero graus). Pense nisto como pegar num semicírculo e dividi-lo em 5 regiões.

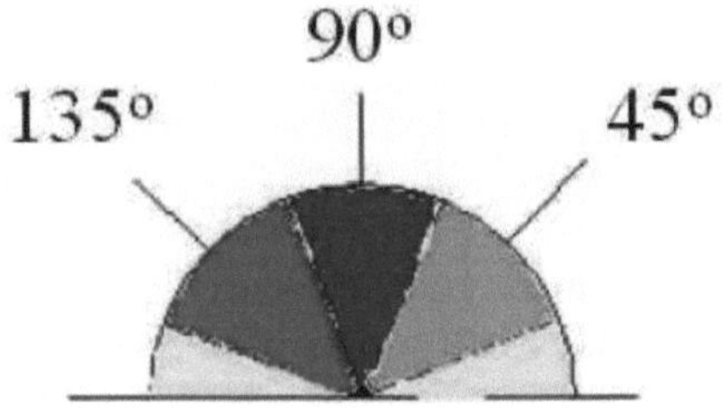

Por isso, qualquer direção de aresta que se enquadre na gama amarela (0 a 22,5 e 157,5 a 180 graus) é definida para 0 graus. Qualquer direção de aresta que caia na gama verde (22,5 a 67,5 graus) é definida para 45 graus. Qualquer direção de aresta que caia na gama azul (67,5 a 112,5 graus) é definida para 90 graus. E, finalmente, qualquer direção de aresta que caia na gama vermelha (112,5 a 157,5 graus) é definida para 135 graus.

Passo 5

Depois de conhecidas as direcções das arestas, é necessário aplicar a supressão não máxima. A supressão não máxima é utilizada para traçar ao longo da borda na direção da borda e suprimir qualquer valor de pixel (define-o como 0) que não seja considerado uma borda. Isto dará origem a uma linha fina na imagem de saída.

Passo 6

Finalmente, a histerese é utilizada como meio de eliminar as riscas. A estria é a quebra de um contorno de borda causada pela flutuação da saída do operador acima e abaixo do limiar. Se um único limiar, T1, for aplicado a uma imagem e uma borda tiver uma força média igual a Tl, então, devido ao ruído, haverá instâncias em que a borda cairá abaixo do limiar. Da mesma forma, também se estenderá acima do limiar, fazendo com que uma aresta pareça uma linha tracejada. Para evitar isto, a histerese utiliza 2 limiares, um alto e um baixo. Qualquer pixel na imagem que tenha um valor superior a Tl é considerado um pixel de extremidade e é imediatamente marcado como tal. Em seguida, todos os pixels que estejam ligados a este pixel de extremidade e que tenham um valor superior a T2 são também selecionados como pixels de extremidade. Se pensarmos em seguir uma aresta, precisamos de um gradiente de T2 para começar, mas não paramos até atingirmos um gradiente inferior a Tl [34], Comparação visual de vários algoritmos de deteção de arestas

Figura 2.16: Imagem utilizada para a análise da deteção de bordos (wheel.gif)

A deteção de bordos dos quatro tipos foi efectuada na Figura 11. A deteção de bordos Canny produziu os melhores resultados. Isto era esperado, uma vez que a deteção de bordos Canny tem em conta as regiões de uma imagem. O Canny produz linhas finas para os seus limites, utilizando uma supressão não máxima. O Canny também utiliza histerese quando limita a imagem.

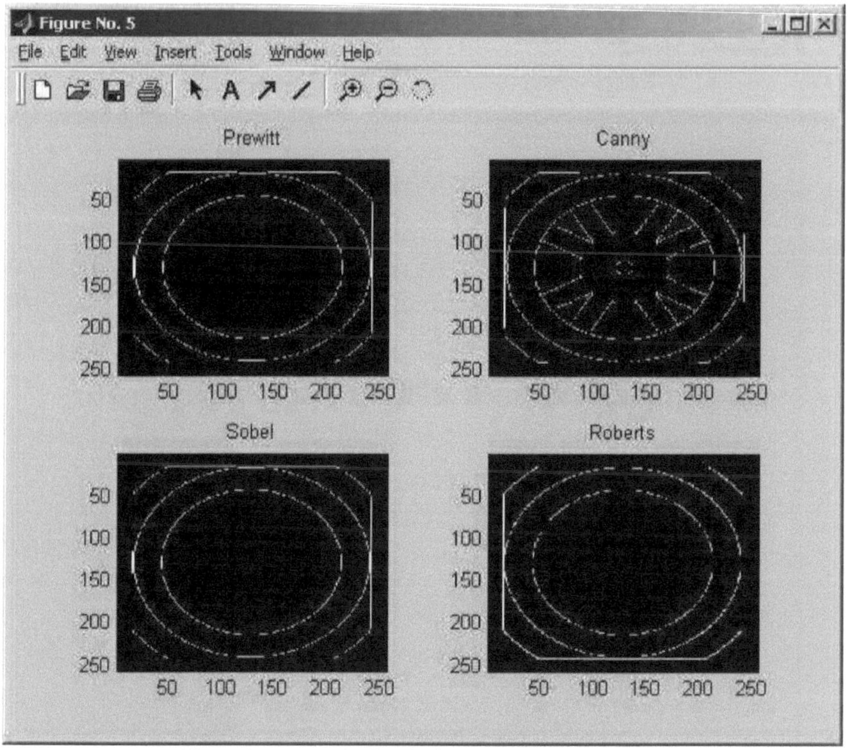

Figura 2.17: Resultados da deteção de bordos

Foi aplicada uma desfocagem de movimento à Figura 12. Em seguida, os métodos de deteção de margens utilizados anteriormente foram novamente utilizados nesta nova imagem para estudar os seus efeitos em ambientes de imagens desfocadas. Nenhum método pareceu ser útil para aplicações no mundo real. No entanto, o método Canny produziu os melhores resultados do conjunto [35].

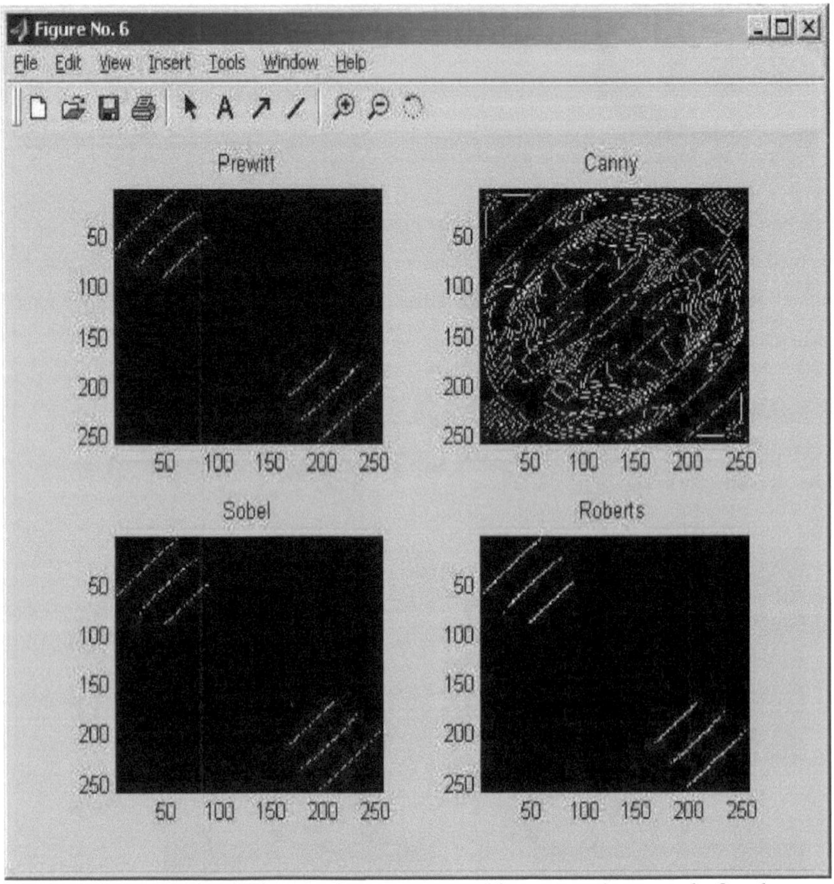

Figura 2.18: Resultados da deteção de arestas em ambientes com imagens desfocadas.

2.5.2 Comparação do algoritmo de deteção de bordos

2.5.3 Desempenho dos algoritmos de deteção de bordos

- Os algoritmos baseados em gradientes, como o filtro Prewitt, têm a grande desvantagem de serem muito sensíveis ao ruído. O tamanho do filtro e os coeficientes do kernel são fixos e não podem ser adaptados a uma determinada imagem. É necessário um algoritmo de deteção de bordos adaptável para fornecer uma solução robusta que se adapte aos diferentes níveis de ruído. Os algoritmos baseados em gradientes, como o filtro Prewitt, têm a grande desvantagem de serem muito sensíveis ao ruído. O tamanho do filtro e os coeficientes do kernel são fixos e não podem ser adaptados a uma determinada imagem. É necessário um algoritmo adaptativo de deteção de bordos para fornecer uma solução robusta que se adapte aos diferentes níveis de ruído destas imagens, a fim de ajudar a distinguir o conteúdo válido da imagem dos artefactos visuais introduzidos pelo ruído.

- O desempenho do algoritmo canny depende fortemente dos parâmetros ajustáveis, σ, que é o desvio padrão do filtro Gaussiano, e dos valores de limiar, 'Tl' e£ T2'. o também controla o tamanho do filtro Gaussiano. Quanto maior for o valor de o, maior será o tamanho do filtro Gaussiano. Isto implica uma maior desfocagem, necessária para imagens com ruído, bem como a deteção de arestas maiores. No entanto, tal como esperado, quanto maior for a escala do filtro gaussiano, maior será o efeito de desfocagem,

menos exacta é a localização da margem. Valores mais pequenos de σ implicam um filtro Gaussiano mais pequeno, o que limita a quantidade de desfocagem, mantendo bordos mais finos na imagem. O utilizador pode personalizar o algoritmo ajustando estes parâmetros para se adaptar a diferentes ambientes.

- O algoritmo de deteção de bordos de Canny é computacionalmente mais dispendioso do que os operadores de Sobel, Prewitt e Robert. No entanto, o algoritmo de deteção de bordos de Canny tem um desempenho melhor do que todos estes operadores em quase todos os cenários [36].

2.6 Introdução à morfologia

A deteção de bordos é um trabalho importante para o reconhecimento de objectos e é também uma etapa essencial de pré-processamento na segmentação de imagens. O trabalho de deteção de margens decide o resultado da imagem final processada. A morfologia matemática é uma nova teoria matemática que pode ser utilizada para processar e analisar as imagens. Fornece uma abordagem alternativa ao processamento de imagens com base no conceito de forma derivado da teoria dos conjuntos e não na modelação e análise matemáticas tradicionais. Na teoria da morfologia matemática, as imagens são tratadas como conjuntos e as transformações morfológicas, que derivam da adição e subtração de Minkowski, são definidas para extrair caraterísticas das imagens [37].

A escolha do elemento de estrutura (SE) decide o desempenho da operação morfológica. Como otimizar e escolher o SE de forma adaptativa é um campo de investigação difícil e aceso da morfologia matemática. Para a deteção morfológica geral de arestas, são adoptados alguns elementos de estrutura de forma simples e simétrica, como o cruzamento, o diamante e o disco.

Mas só são sensíveis ao bordo da imagem que tem a mesma direção dos elementos da estrutura e não são tão eficazes para o bordo que tem uma direção diferente da dos elementos da estrutura. Por conseguinte, são difíceis de detetar caraterísticas complexas dos bordos. Neste artigo, é proposto um novo algoritmo de deteção de bordos baseado na morfologia de elementos de estrutura múltipla de oito direcções diferentes. Estes elementos estruturais compreendem quase todas as direcções das linhas que se estendem na imagem. Utilizando o detetor morfológico de bordos de gradiente, obteremos 8 resultados diferentes de deteção de bordos. E o resultado final é obtido utilizando o método sintético ponderado [38].

2.6.1 Teorias morfológicas de base

A morfologia matemática é desenvolvida a partir da teoria dos conjuntos. Foi introduzida por Matheron como uma técnica para analisar a estrutura geométrica de amostras metálicas e geológicas.

Foi alargada à análise de imagens. Baseada na teoria dos conjuntos, a morfologia matemática é uma teoria muito importante, cuja operação deve ser definida pela aritmética dos conjuntos. Por isso, a imagem que será processada pela teoria da morfologia matemática deve ser transformada em conjunto.

A morfologia matemática é uma ferramenta poderosa para lidar com vários problemas no processamento de imagens e na visão computacional. A morfologia matemática é composta por uma série de operadores morfológicos aritméticos algébricos. As operações morfológicas básicas, nomeadamente a erosão, a dilatação, a abertura, o fecho, etc., são utilizadas para detetar, modificar e manipular as caraterísticas presentes na imagem com base nas suas formas. A forma e o tamanho da SE desempenham papéis cruciais neste tipo de processamento e são, por isso, escolhidos de acordo com a necessidade e o objetivo da aplicação associada [39].

A erosão é uma transformação de contração, que diminui o valor da escala de cinzentos da imagem, enquanto a dilatação é uma transformação de expansão, que aumenta o valor da escala de cinzentos da imagem. Mas ambas são sensíveis ao bordo da imagem, cujo valor da escala de cinzentos muda obviamente. A erosão filtra a imagem interior, enquanto a dilatação filtra a imagem exterior. A abertura é a erosão seguida de dilatação e o fecho é a dilatação seguida de erosão. A abertura geralmente suaviza o contorno de uma imagem, quebrando espaços estreitos. Ao contrário da abertura, o fecho tende a fundir as quebras estreitas, elimina os pequenos buracos e preenche as lacunas nos contornos. Por conseguinte, a operação morfológica é utilizada para detetar o contorno de uma imagem e, ao mesmo tempo, para a eliminar o ruído da imagem [40],

CAPÍTULO 3

DESENVOLVIMENTO DE SISTEMAS

3.1 Conceção do sistema

3.1.1 Sistema de recuperação de imagens baseado em conteúdo

A primeira utilização do termo "recuperação de imagens com base no conteúdo" na literatura parece ter sido feita por, para descrever as suas experiências de recuperação automática de imagens de uma base de dados por caraterísticas de cor e forma. Desde então, o termo tem sido amplamente utilizado para descrever o processo de recuperação de imagens desejadas a partir de uma grande coleção com base em caraterísticas (como a cor, a textura e a forma) que podem ser automaticamente extraídas das próprias imagens. As caraterísticas utilizadas para a recuperação podem ser primitivas ou semânticas, mas o processo de extração deve ser predominantemente automático. A recuperação de imagens através de palavras-chave atribuídas manualmente não é definitivamente CBIR, tal como o termo é geralmente entendido - mesmo que as palavras-chave descrevam o conteúdo da imagem. A CBIR difere da recuperação de informação clássica pelo facto de as bases de dados de imagens serem essencialmente não estruturadas, uma vez que as imagens digitalizadas consistem apenas em conjuntos de intensidades de píxeis, sem qualquer significado inerente.

Um dos principais problemas em qualquer tipo de processamento de imagens é a necessidade de extrair informações úteis dos dados em bruto (como o reconhecimento da presença de formas ou texturas específicas) antes de ser possível qualquer tipo de raciocínio sobre o conteúdo da imagem. Assim, as bases de dados de imagens diferem fundamentalmente das bases de dados de texto, em que o material em bruto (palavras armazenadas como cadeias de caracteres ASCII) já foi estruturado logicamente pelo autor. Não existe um equivalente de recuperação de nível 1 numa base de dados de texto. A CBIR inspira-se em muitos dos seus métodos no domínio do processamento de imagens e da visão por computador e é considerada por alguns como um subconjunto desse domínio. Difere destes domínios principalmente pela sua ênfase na recuperação de imagens com as caraterísticas desejadas a partir de uma coleção de dimensão significativa. O processamento de imagens abrange um domínio muito mais vasto, incluindo o melhoramento, a compressão, a transmissão e a interpretação de imagens. Embora existam áreas cinzentas (como o reconhecimento de objectos por análise de caraterísticas), a distinção entre a análise de imagens convencional e a CBIR é geralmente bastante clara. Um exemplo pode tornar este facto claro. Muitas forças policiais utilizam atualmente sistemas automáticos de reconhecimento facial. Estes sistemas podem ser utilizados de duas maneiras. Em primeiro lugar, a imagem em frente da câmara pode ser comparada com o registo de um indivíduo na base de dados para verificar a sua identidade. Neste caso, apenas duas imagens são comparadas, um processo a que poucos observadores chamariam CBIR. Em segundo lugar, toda a base de dados pode ser pesquisada para encontrar as imagens que mais se aproximam. Este é um exemplo genuíno de CBIR.

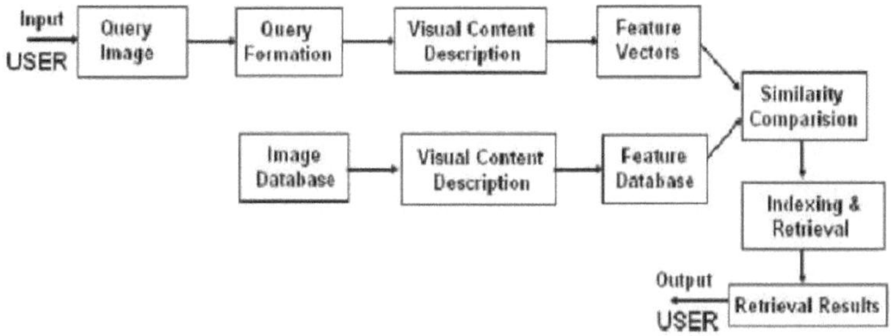

Figura 3.1: Diagrama de blocos do sistema CBIR

O processo de recuperação de imagens desejadas de uma grande coleção com base em caraterísticas (como a cor, a textura e a forma) que podem ser extraídas automaticamente das próprias imagens. As caraterísticas utilizadas para a recuperação podem ser primitivas ou semânticas, mas o processo de extração deve ser predominantemente automático.

Nos sistemas típicos de recuperação de imagens com base no conteúdo (Figura 3.1), o conteúdo visual das imagens na base de dados é extraído e descrito por vectores de caraterísticas multidimensionais. Os vectores de caraterísticas das imagens na base de dados formam uma base de dados de caraterísticas. Para recuperar imagens, os utilizadores fornecem ao sistema de recuperação imagens de exemplo ou figuras esboçadas. O sistema transforma então esses exemplos na sua representação interna de vectores de caraterísticas. As semelhanças/distâncias entre os vectores de caraterísticas do exemplo ou esboço consultado e os das imagens na base de dados são então calculadas e a recuperação é efectuada com a ajuda de um esquema de indexação. O esquema de indexação proporciona uma forma eficiente de pesquisar a base de dados de imagens.

Modificar o processo de recuperação de forma a gerar resultados de recuperação percetual e semanticamente mais significativos. Neste capítulo, apresentamos estas técnicas fundamentais para a recuperação de imagens com base no conteúdo.

3.1.2CBIR Definição

A recuperação de imagens com base no conteúdo é uma aplicação que permite recuperar as imagens de um conjunto enorme de bases de dados de imagens com base nas caraterísticas da imagem, como a cor, a textura e outros atributos. Aqui, tomamos a caraterística da imagem como índice para essa imagem e recuperamos essa imagem em particular. Este projeto utiliza cinco métodos para recuperar imagens a cores e em escala de cinzentos.

Os métodos utilizados são os seguintes:

Para imagens em escala de cinzentos-

-Coluna Média.

-Média diagonal .

-Análise de histogramas .

Para imagens a cores (RGB)

Componentes R G B.

Recuperação de imagens semelhantes utilizando a distância euclidiana.

Aqui fixamos a dimensão da imagem em 256X256 para a análise da imagem e extração de caraterísticas. Se a imagem de entrada tiver uma dimensão superior à especificada, redimensionamo-la para 256X256. Para a análise de imagens à escala de cinzentos, utilizámos imagens Post Gray Map (PGM) e, para a análise de imagens a cores (RGB), utilizámos imagens JPG.
Os métodos acima referidos são implementados no Matlab 7 e foram executados com êxito. No back end, utilizamos o servidor MySql ou a base de dados MS-Access.

Fluxograma:

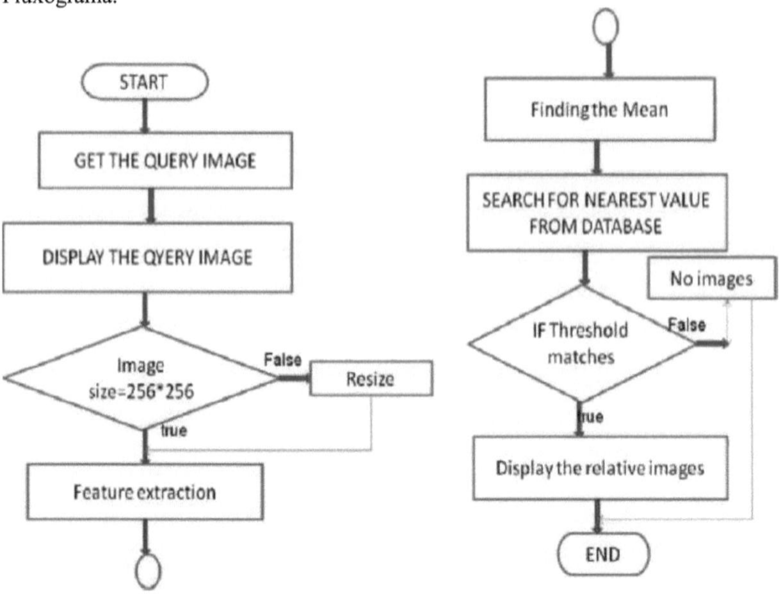

Figura 3.2: Diagrama de fluxo para a recuperação de imagens

3.2 Técnicas CBIR propostas

O documento propõe técnicas de recuperação de imagens utilizando quatro operadores de gradiente diferentes (Roberts, Sobel, Prewitt e Canny), utilizando a técnica da magnitude do declive e a BTC. O desempenho dos métodos de recuperação de imagens propostos é comparado com técnicas CBIR baseadas em operadores de gradiente.

3.2.1 Operadores de gradiente utilizando a figura de mérito

O vetor de caraterística de forma do operador Gradient consiste na Figura de Mérito (FOM) da imagem de consulta considerada para encontrar a semelhança com as imagens da base de dados. As operações morfológicas de erosão e dilatação são utilizadas com canny. O problema desta técnica reside no facto de todas as imagens da base de dados terem de ter as mesmas dimensões que a imagem de consulta. A seleção de operadores de gradiente como Robert, Sobel, Prewitt e canny resulta em quatro variações de recuperação de imagens com base em operadores de gradiente. A Figura de Mérito é calculada como,

$$\text{FOM} = \frac{1}{\max\{li, la\}} \sum_{i=1}^{la} \frac{1}{1+\alpha d^2}$$

em que li e la são o número de pontos de aresta ideais e reais, d é a distância de falta do pixel da i-ésima aresta detectada e a é uma constante de escala escolhida para ser a = (1/9) para fornecer uma penalização relativa entre arestas manchadas e arestas isoladas, mas deslocadas.

3.2.2 BTC utilizando GLCM

O problema de ter todas as imagens da base de dados com o mesmo tamanho para a recuperação de imagens pode ser resolvido utilizando os métodos CBIR baseados em BTC propostos. Utilizamos técnicas BTC com matrizes de 2x2, 4x4, 8x8 e as caraterísticas são extraídas utilizando GLCM a partir da imagem descodificada. As caraterísticas extraídas são aplicadas para encontrar a semelhança com as imagens da base de dados.

Algoritmo para BTC

- Passo 1: A imagem dada é dividida em regiões rectangulares não sobrepostas. Por uma questão de simplicidade, os blocos foram considerados regiões quadradas de dimensão m x m.
- Passo 2: Para um quantizador de dois níveis (1 bit), a ideia é selecionar dois valores de luminância para representar cada pixel no bloco. Estes valores são a média *x* e o desvio padrão o.

$$X' = \frac{1}{n} \sum_{1}^{n} xi$$

$$\sigma = \sqrt{\frac{1}{n}} \sum_{1}^{n} (xi - x'i)^2$$

Onde xi representa o valor do i-ésimo pixel do bloco de imagem e n é o número total de pixéis nesse bloco.

- Passo 3: Os dois valores x e o são designados por quantizes de BTC. Tomando x como valor limiar, obtém-se um plano de bits de dois níveis comparando o valor de cada pixel xi com o limiar. Um bloco binário, denotado por B, é também utilizado para representar os pixéis. Podemos utilizar "l" para representar um pixel cujo nível de cinzento é maior ou igual a x e "0" para representar um pixel cujo nível de cinzento é inferior a

$$B = \begin{cases} 1 & xi > x' \\ 0 & xi < x' \end{cases}$$

Por este processo, cada bloco é reduzido a um plano de bits. Por exemplo, um bloco de 4 x 4 píxeis dá origem a dados comprimidos de 32 bits, o que corresponde a 2 bits por píxel (bpp).

- Passo 4: No descodificador, um bloco de imagem é reconstruído substituindo 'l's no plano de bits por H e os 'O's por L, que são dados por:

$$H = x' + \sigma \sqrt{\frac{p}{q}}$$

$$L = x' - \sigma \sqrt{\frac{p}{q}}$$

Onde p e q são o número de O's e 1's no plano de bits comprimido, respetivamente.

GLCM

Um método estatístico de análise da textura que considera a relação espacial dos pixéis é a matriz de coocorrência de nível de cinzento (GLCM), também conhecida como matriz de dependência espacial de nível de cinzento. As funções GLCM caracterizam a textura de uma imagem calculando a frequência com que pares de pixéis com valores específicos e numa relação espacial especificada ocorrem numa imagem, criando uma GLCM e extraindo depois medidas estatísticas desta matriz. Para criar um GLCM, utilize a função graycomatrix. A função graycomatrix cria uma matriz de coocorrência de nível de cinzento (GLCM) calculando como

frequentemente um pixel com o valor de intensidade (nível de cinzento) i ocorre numa relação espacial específica com um pixel com o valor *j*

3.2.3 Inclinação.

A assimetria é uma medida da assimetria dos dados em torno da média da amostra. A assimetria de uma distribuição é definida como,

$$s = E(x - \mu)^3 / \sigma^3$$

Em que μ é a média de x, σ é o desvio padrão de x e *E(t)* representa o valor esperado da quantidade *t*. A assimetria calcula uma versão de amostra deste valor populacional.

3.3 Requisitos de software

- Matlab 2010a
- Intel Core i3-380M
- Caixa de ferramentas de processamento de imagens - Matlab 2010a
- Base de dados de imagens Wang com 1000 imagens.
- Microsoft Excel - Tabelas, gráficos.

3.4 Introdução ao MATLAB

O MATLAB é um pacote de software para computação e visualização numérica de elevado desempenho. Proporciona um ambiente interativo com centenas de funções incorporadas para computação técnica, gráficos e animação. Proporciona também uma fácil extensibilidade com a sua própria linguagem de programação de alto nível. O nome MATLAB significa MATrix Laboratory. O MATLAB é um programa eficiente para o processamento de dados vectoriais e matriciais. Contém funções prontas para manipulação de matrizes e visualização de imagens e permite que um programa tenha uma estrutura modular. Devido a estes factos, o MATLAB foi escolhido como software de prototipagem. O MATLAB proporciona um ambiente adequado para o processamento de imagens. Embora o MATLAB seja mais lento do que algumas linguagens (como o C), as suas funções e sintaxe incorporadas tornam-no um ambiente de programação mais versátil e mais rápido para o processamento de imagens. Quando um algoritmo é finalizado em MATLAB, o programador pode alterá-lo para C (ou outra linguagem mais rápida) para que o programa seja executado mais rapidamente.

3.4.1 Representação de imagens em MATLAB

Uma imagem é armazenada como uma matriz utilizando as convenções matriciais padrão do Matlab. Existem cinco tipos básicos de imagens suportadas pelo Matlab:

1. Imagens indexadas
2. Imagens de intensidade
3. Imagens binárias
4. imagens RGB

   Imagens de 5, 8 bits

O MATLAB lida com imagens como matrizes. Isto implica dividir cada pixel de uma imagem nos elementos de uma matriz. O MATLAB distingue entre imagens a cores e em tons de cinzento e, por isso, as matrizes de imagem resultantes diferem ligeiramente.

Uma cor é um composto de algumas cores básicas. Assim, o MATLAB divide cada pixel individual de uma imagem a cores (denominada 'cor verdadeira') em valores de vermelho, verde e azul. O que obtemos como resultado, para toda a imagem, são 3 matrizes, uma representando cada cor. As três matrizes são empilhadas umas ao lado das outras, criando uma matriz tridimensional m por n por 3.

Para uma imagem que tem uma altura de 5 pixéis e uma largura de 10 pixéis, o resultado em

MATLAB seria uma matriz de 5 por 10 por 3 para uma imagem de cor verdadeira.

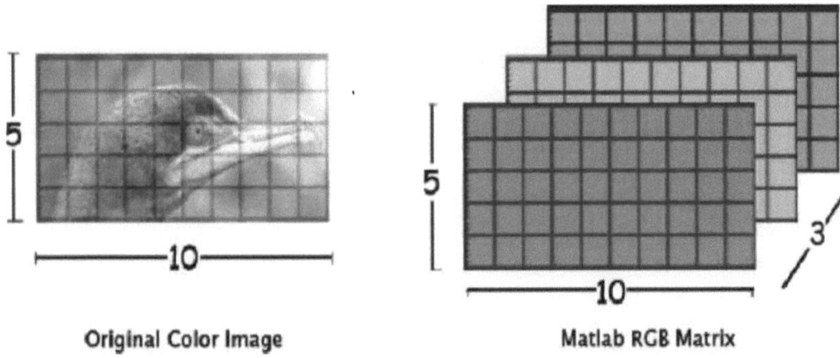

Figura: 3.3: Representações de imagens coloridas e matriz RGB

Uma imagem em tons de cinzento é uma mistura de cores a preto e branco. Estas cores, ou como alguns designam por "sombras", não são compostas por cores vermelhas, verdes ou azuis. Em vez disso, contêm vários incrementos de cores entre o branco e o preto. Por conseguinte, para representar esta gama, é necessário apenas um canal de cor. Assim, precisamos apenas de uma matriz bidimensional, m por n por 1. O MATLAB denomina este tipo de matriz como uma matriz de intensidade, porque os valores de tal matriz representam intensidades de uma cor. Para uma imagem com uma altura de 5 pixéis e uma largura de 10 pixéis, a matriz resultante seria uma matriz 5 por 10 para uma imagem em escala de cinzentos.

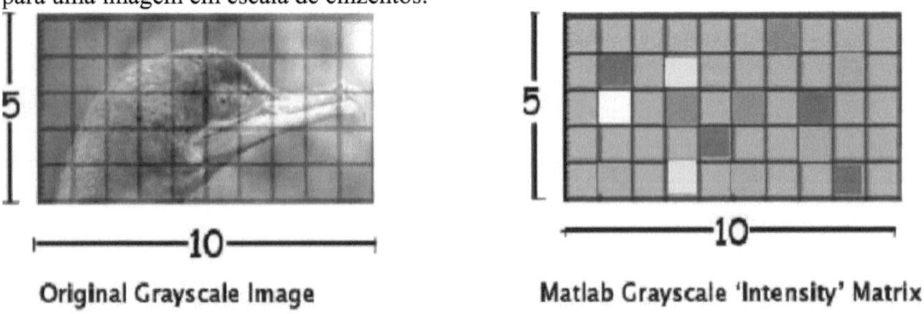

Figura 3.4: Representações de imagens em escala de cinzentos

3.4.2As vantagens do MATLAB

O MATLAB é uma linguagem de programação de uso geral. Quando é utilizada para processar imagens, geralmente escreve-se ficheiros de funções ou ficheiros de scripts para executar as operações. Estes ficheiros formam um registo formal do processamento utilizado e garantem que os resultados finais podem ser testados e reproduzidos por outros, caso seja necessário.

O MATLAB fornece muitas funções para o processamento de imagens e outras tarefas. A maior parte destas funções são escritas na linguagem MATLAB e podem ser lidas publicamente como ficheiros de texto simples. Assim, os pormenores de implementação destas funções estão acessíveis e abertos ao escrutínio. A defesa pode examinar o processamento utilizado com todo o pormenor e qualquer contestação pode ser respondida de forma informada pela acusação. Isto torna o MATLAB muito diferente de aplicações como o Photoshop.

É de notar que algumas funções MATLAB não podem ser visualizadas. Trata-se geralmente de funções de nível inferior que são computacionalmente dispendiosas e que são, por isso, fornecidas como funções "incorporadas" executadas como código nativo. Estas funções são muito utilizadas e testadas e podem ser utilizadas com bastante confiança. Outra vantagem do MATLAB é o facto de permitir assegurar a máxima precisão numérica no resultado final.

Em geral, os ficheiros de imagem armazenam dados com uma precisão de 8 bits. Isto corresponde a uma gama de valores inteiros de 0-255. Um pixel numa imagem a cores pode ser representado por três números de 8 bits, cada um representando os componentes vermelho, verde e azul como um valor inteiro entre 0 e 255. Normalmente, esta precisão é suficiente para representar imagens normais.

No entanto, assim que se lêem estes dados de imagem na memória e se começa a processá-los, é muito fácil gerar valores que estão fora do intervalo 0-255. Por exemplo, para duplicar o contraste de uma imagem, multiplica-se os valores de intensidade por 2. Um valor de imagem de 200 tornar-se-á 400 e o resultado será um excesso numérico. A forma como isto é tratado varia consoante os programas de processamento de imagem. Alguns podem truncar os resultados para um número inteiro no intervalo 0-255; outros podem efetuar a operação matemática

operações em aritmética de vírgula flutuante e, em seguida, redimensionar os resultados finais para um número inteiro no intervalo fl- 255.

É aqui que se pode perder a precisão numérica e, consequentemente, a fidelidade da imagem. Alguns algoritmos de processamento de imagem resultam em alguns valores de pixéis com magnitudes muito grandes (positivas ou negativas). Normalmente, estes grandes valores ocorrem em pontos da imagem onde ocorrem descontinuidades de intensidade, sendo as margens da imagem fontes comuns deste problema. Quando esta imagem com valores muito variáveis é redimensionada para números inteiros no intervalo 0-255, grande parte deste intervalo pode ser utilizado apenas para representar os poucos pixéis com valores grandes. A maior parte dos dados da imagem pode então ter de ser representada num pequeno intervalo de valores inteiros, digamos de 0-50. É evidente que isto representa uma perda considerável de informação da imagem. Se outro processo for aplicado a esta imagem, os problemas podem acumular-se. Tentar determinar a extensão deste problema, se é que existe, é difícil se estivermos a utilizar software proprietário.

Sendo uma linguagem de programação geral, é possível ter um controlo total da precisão com que se representam os dados no MATLAB. Uma imagem pode ser lida na memória e os dados podem ser convertidos em valores de vírgula flutuante de dupla precisão. Todas as etapas de processamento da imagem podem então ser efectuadas em aritmética de ponto flutuante de dupla precisão e, em nenhuma fase intermédia, é necessário redimensionar os resultados para números inteiros no intervalo 0-255. Só no ponto final, quando a imagem vai ser apresentada e/ou escrita num ficheiro, é que precisa de ser redimensionada. Neste caso, é possível utilizar o truncamento do histograma para eliminar valores extremos de pixéis, de modo a que a maior parte dos dados da imagem seja corretamente representada.

O MATLAB é uma linguagem de programação científica e fornece um forte apoio matemático e numérico para a implementação de algoritmos avançados. É por esta razão que o MATLAB é amplamente utilizado pela comunidade do processamento de imagem e da visão por computador. É muito provável que os novos algoritmos sejam implementados primeiro em MATLAB, de facto, podem estar apenas disponíveis em MATLAB. O MATLAB pode não ser tão fácil de utilizar como uma aplicação como o Photoshop, mas, sendo uma linguagem de programação de uso geral, oferece muitas vantagens importantes para o processamento de imagens forenses.

Assegura que os passos de processamento de imagem utilizados são completamente documentados e, por conseguinte, podem ser reproduzidos. Em geral, o código fonte de todas as funções de processamento de imagem está acessível para análise e teste. Permite assegurar que a precisão numérica é mantida ao longo de todo o processo de melhoramento. Os algoritmos de processamento de imagem disponíveis no MATLAB são provavelmente mais avançados do que os disponíveis noutras aplicações de processamento de imagem.

CAPÍTULO 4

ANÁLISE DE DESEMPENHO

O desempenho do sistema é efectuado através da recuperação de imagens. E é efectuada uma análise comparativa entre as medidas de forma e o BTC. Os parâmetros utilizados para as comparações são a precisão, a recuperação e o tempo de execução. O sistema em que o projeto foi concebido é o computador portátil Acer Aspire 5742 com as seguintes especificações Microsoft Windows 7 com versão Professional, CPU Intel(R) Core(TM) i3, M330@2.13GHz, 2.13GHz, 2.86GB de RAM. A versão do MATLAB utilizada é a MATLAB 7.7.0 (R2008b).

4.1 Análise experimental

Para a análise experimental, são utilizadas imagens de tumores de diferentes tipos. Algumas imagens foram recolhidas num centro de diagnóstico e outras em recursos online normais.

Várias imagens são das seguintes classes,

6. Imagens indexadas
7. Imagens de intensidade
8. Imagens binárias
9. Imagens RGB
10. Imagens de 8 bits

Figura 4.1: Exemplos de imagens da base de dados de imagens genéricas

4.2 GUI principal

Aqui desenvolvi um sistema que mostra a GUI que contém técnicas CBIR discutidas como

Opção BTC: GRAY e BTC: COLOR para BTC utilizando GLCM, Opção SOBEL, REEWITT, CANNY, ROBRTS para operadores de gradiente utilizando a figura de mérito.

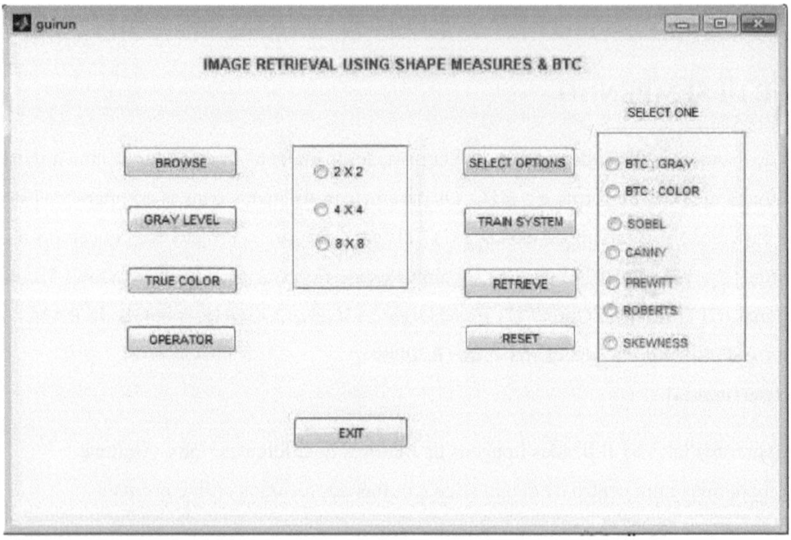

Figura 4.2: GUI principal

A figura 4.1 contém as seguintes opções:

PROCURAR: Para aceder à base de dados de imagens.

NÍVEL DE CINZENTOS: Codificação e descodificação de imagens para uma única imagem em tons de cinzento.

NÍVEL DE COR: Codificação e descodificação de imagens para uma única imagem a cores.

OPERADOR: Foram utilizados quatro operadores diferentes: sobel, prewitt, canny, Roberts

SELECT OPTION: Para selecionar qualquer uma das técnicas CBIR propostas.

TRAIN SYSTEM: Extração de caraterísticas para imagens na base de dados.

RETRIEVE: Mostra os resultados da imagem consultada.

O tamanho do bloco pode ser selecionado entre 2x2, 4x4 ou 8x8.

4. 3Operadores de gradiente utilizando a figura de mérito

Os vectores de caraterísticas de forma do operador Gradiente consistem na Figura de Mérito (FOM) da imagem de consulta considerada para encontrar a semelhança com as imagens da base de dados. A seleção de operadores de gradiente como Robert, Sobel, Prewitt e canny resulta em quatro variações de recuperação de imagens com base em operadores de gradiente.

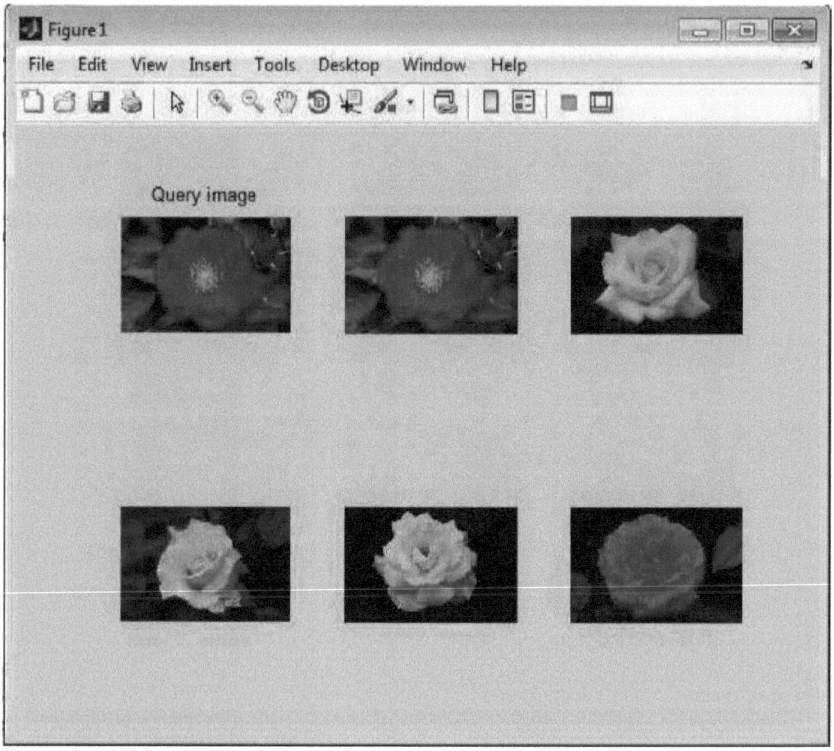

Figura 4.3: Saída dos operadores de gradiente usando a figura de mérito

4.4BTC utilizando GLCM

Utilizamos técnicas BTC com matrizes de 2x2, 4x4, 8x8 e as caraterísticas são extraídas utilizando GLCM da imagem descodificada. As caraterísticas extraídas são aplicadas para encontrar a semelhança com as imagens da base de dados. O problema da exigência da mesma dimensão das imagens da base de dados é eliminado com esta técnica.

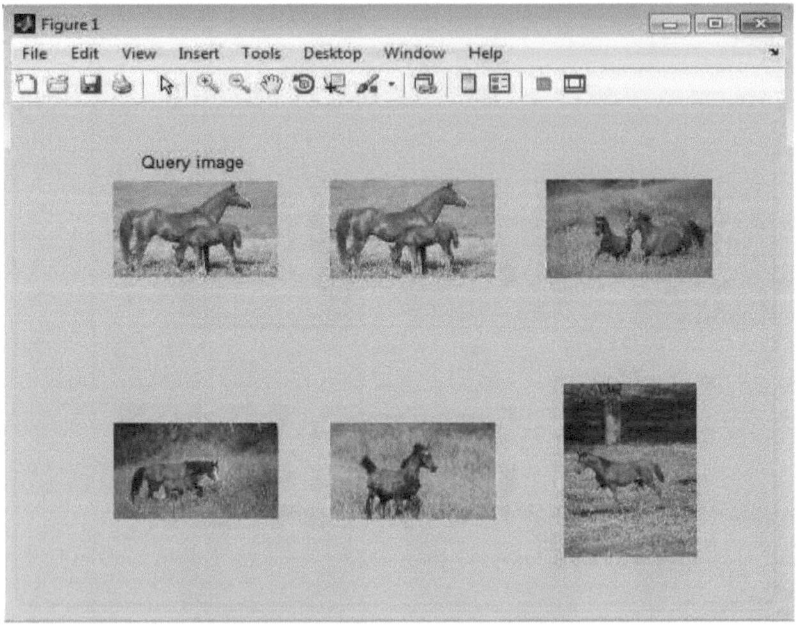

Figura 4.4: Saída de um BTC usando GLCM

4. 5Análise da precisão e da recuperação

Para avaliar a eficácia da recuperação, utilizámos a precisão e a recuperação como parâmetros de comparação estatística para a nossa técnica proposta de CBIR. As definições padrão destas duas medidas são dadas pelas equações seguintes.

$$\text{Precision} = \frac{\text{Number of relevant images retrieved}}{\text{Total number of images retrieved}}$$

$$\text{Recall} = \frac{\text{Number of relevant images retrieved}}{\text{Total number of relevant images in database}}$$

A tabela seguinte apresenta a leitura da Precisão e do Recall para todas as técnicas CBIR propostas.

Tabela 4.1: Análise de desempenho da técnica CBIR discutida

Parameter	Precision	Recall
BTC 2X2 GRAY	0.4	0.2857
BTC 4X4 GRAY	0.6	0.4285
BTC 8X8 GRAY	1	0.7142
BTC 2X2 COLOR	0.2	0.1428
BTC 4X4 COLOR	0.6	0.4285
BTC 8X8 COLOR	1	0.7142
SOBEL 2X2	0.4	0.2857
SOBEL 4X4	0.6	0.4285
SOBEL 8X8	0.8	0.5714
PREWITT 2X2	0.2	0.1428
PREWITT 4X4	0.6	0.4285
PREWITT 8X8	0.8	0.5714
CANNY 2X2	0.4	0.2857
CANNY 4X4	0.6	0.4285
CANNY 8X8	1	0.7142
ROBERTS 2X2	0.2	0.1428
ROBERTS 4X4	0.6	0.4285
ROBERTS 8X8	1	0.7142
SKEWNESS 2X2	0.2	0.1428
SKENESS 4X4	0.4	0.2857
SKEWNESS 8X8	0.4	0.2857

Os valores dos pontos de cruzamento da precisão e da recuperação para todos os métodos de recuperação de imagens propostos são apresentados na tabela acima. O gráfico seguinte representa a leitura da precisão e da recuperação para BTC GRAY e BTC COLOR do quadro 4.1

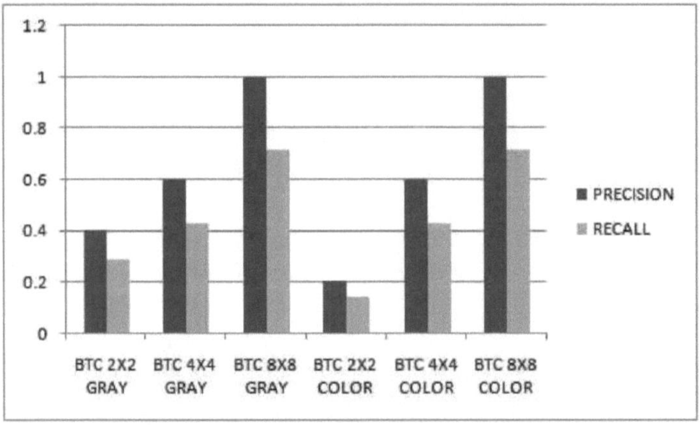

Gráfico 4.1: Gráfico de precisão e recuperação para BTC GRAY e BTC COLOR

Tendo em conta o gráfico 4.1, concluímos que, entre todas as técnicas BTC GRAY e BTC COLOR, o tamanho de bloco 8X8 dá o resultado máximo em comparação com outros tamanhos de bloco.

O gráfico seguinte mostra a leitura da precisão e da recuperação para os operadores SOBEL e PREWITT do quadro 4.1

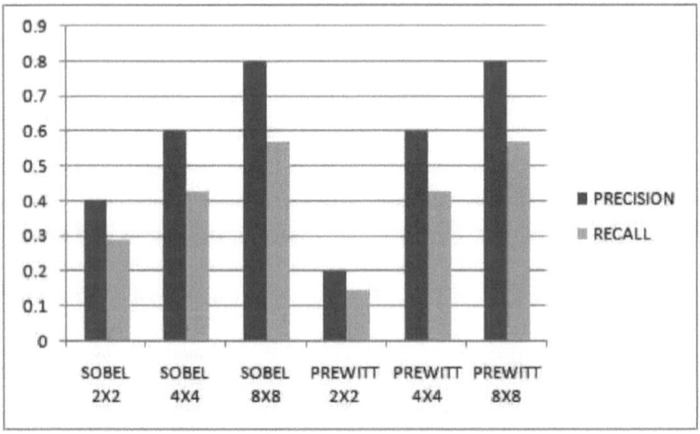

Gráfico 4.2: Gráfico de precisão e de recuperação para o operador SOBEL e PREWITT

Como mostra o gráfico 4.2, SOBEL e PREWITT com tamanho de bloco 8X8 dão bons resultados em comparação com os outros.

O gráfico seguinte mostra a leitura da precisão e da recordação para os operadores CANNY e ROBERTS do quadro 4.1

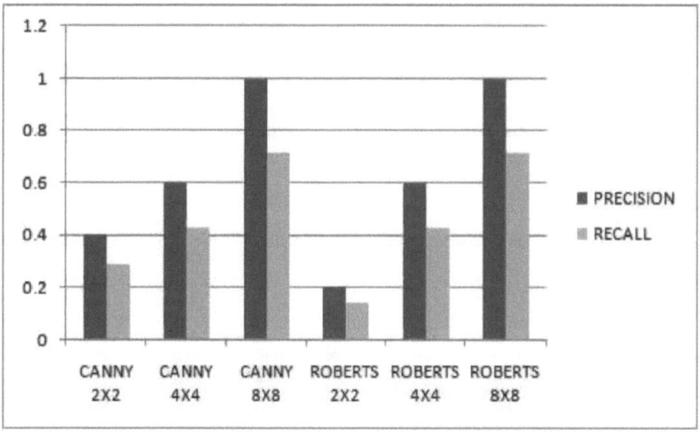

Gráfico 4.3: Gráfico de precisão e recuperação para o operador CANNY e ROBERTS

Como mostra o gráfico 4.3, CANNY e ROBERTS com tamanho de bloco 8X8 dão bons resultados em comparação com os outros.

O gráfico seguinte mostra a leitura da memória para a técnica CBIR discutida.

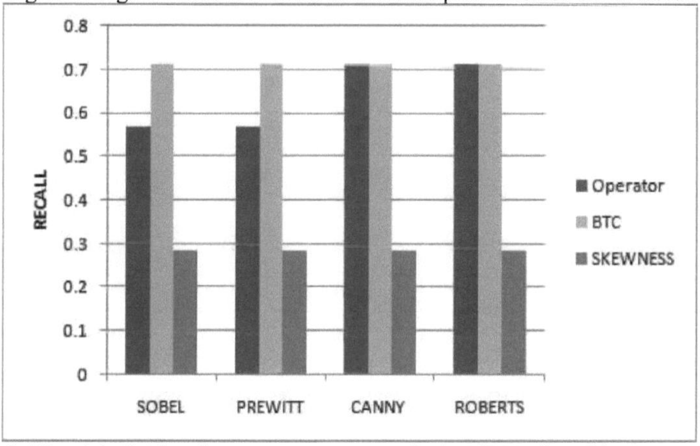

Gráfico 4.4: Gráfico de recuperação para a técnica CBIR discutida

4.6 Análise do tempo de CPU

A tabela seguinte apresenta a leitura do TEMPO DE CPU para todas as técnicas CBIR propostas.

Tabela 4.2: Tempo de CPU da técnica CBIR discutida

Parameter	CPU Time
BTC 2X2 GRAY	1.8096
BTC 4X4 GRAY	0.4992
BTC 8X8 GRAY	0.2954
BTC 2X2 COLOR	2.8524
BTC 4X4 COLOR	1.8096
BTC 8X8 COLOR	0.5928
SOBEL	0.3744
PREWITT	0.7956
CANNY	0.4524
ROBERTS	0.3744
SKEWNESS	0.2028

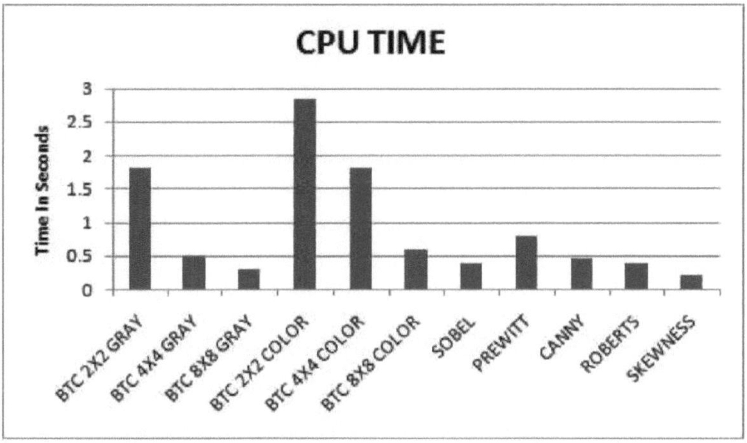

Gráfico 4.5: Gráfico para o tempo de CPU da técnica CBIR discutida

Como mostra o gráfico 4.5, o BTC 2X2 GRAY, o BTC 2X2 COLOR e o BTC 2X2 COLOR requerem mais tempo de CPU.

CAPÍTULO 5

CONCLUSÕES

5.1 Conclusões

A recuperação de imagens está a ganhar força entre os investigadores que trabalham nas áreas do processamento de imagem e da visão computacional devido ao grande número de aplicações. A recuperação de imagens utilizando caraterísticas de forma é o tema do trabalho aqui apresentado. As caraterísticas de forma podem ser extraídas utilizando a Figura de Mérito aplicada ao gradiente de imagens obtidas nas direcções horizontal e vertical. Utilizando Roberts, Sobel, Prewitt e Canny com operadores de gradiente de erosão e dilatação, podem ser obtidas quatro variações de métodos de operadores de gradiente. Os resultados da experimentação mostram que o operador de gradiente Robert apresenta o melhor desempenho, seguido do operador Canny, Prewitt e Sobel. O problema com estes métodos de operadores de gradiente é a necessidade de redimensionar as imagens da base de dados para as fazer corresponder ao tamanho da consulta. O problema de ter todas as imagens da base de dados com o mesmo tamanho para a recuperação de imagens pode ser resolvido utilizando os métodos CBIR baseados em BTC propostos. Utilizamos a técnica BTC com matrizes de 2x2, 4x4, 8x8, entre as quais a BTC 8X8 dá bons resultados em comparação com as outras. As caraterísticas extraídas são aplicadas para encontrar a semelhança com as imagens da base de dados.

5.2 Desenvolvimento futuro

Como trabalho futuro, podemos utilizar diferentes níveis de BTC e vários operadores de gradiente para obter resultados mais precisos.

5.3 Aplicações

Prevenção da criminalidade:

A polícia utiliza a informação visual para identificar pessoas ou para registar os locais de crime como prova; com o passar do tempo, estes registos fotográficos tornam-se um arquivo valioso. No Reino Unido, é prática corrente fotografar todas as pessoas que são detidas e recolher as suas impressões digitais. A fotografia é arquivada no registo principal da pessoa em causa, que, num sistema manual, é um ficheiro em papel. Num sistema informático, a fotografia será digitalizada e associada aos registos textuais correspondentes. Até à condenação, o acesso às informações fotográficas é limitado e, se o arguido for absolvido, todas as fotografias e impressões digitais são apagadas. Em caso de condenação, as impressões digitais são transmitidas ao Serviço Nacional de Impressões Digitais. Atualmente, existe uma iniciativa nacional que investiga um sistema automatizado de reconhecimento de impressões digitais em rede, envolvendo a BT e mais de trinta forças policiais regionais. Outras utilizações de imagens na aplicação da lei incluem o reconhecimento facial, a correspondência de ADN, impressões de solas de sapatos e sistemas de vigilância. A Metropolitan Police Force em Londres está envolvida num projeto que está a criar uma base de dados internacional de imagens de objectos roubados

Medicina:

As profissões médicas e afins utilizam e armazenam informações visuais sob a forma de raios X, ultra-sons ou outras imagens digitalizadas, para fins de diagnóstico e monitorização. Existem regras estritas em matéria de confidencialidade dessas informações. As imagens são conservadas juntamente com os registos de saúde dos pacientes que são, na sua maioria, ficheiros manuais, armazenados por identificador único (número NI). A informação visual, desde que seja tornada anónima, pode ser utilizada para fins de investigação e ensino. Grande parte do esforço de investigação relacionado com imagens é realizado na área da física médica. Os aspectos de interesse incluem sistemas eficazes de processamento de imagens (por exemplo, deteção de limites/caraterísticas) que ajudam o médico a detetar e diagnosticar lesões e tumores e a acompanhar a sua evolução/crescimento.

Moda e design gráfico:

As imagens são muito importantes para os designers gráficos, de moda e industriais. A visualização parece fazer parte do processo criativo. Embora existam diferenças individuais na forma como os designers abordam a sua tarefa, muitos utilizam imagens de desenhos anteriores sob a forma de imagens, fotografias e gráficos, bem como objectos e outras informações visuais do mundo real, para se inspirarem e visualizarem o produto final. Os esboços 2-D e, cada vez mais, os modelos geométricos 3-D são utilizados para apresentar ideias a clientes e outros colegas. Também é necessário representar a forma como as peças de vestuário se penduram e fluem.

Conceção arquitetónica e de engenharia:

As fotografias são utilizadas na arquitetura para registar projectos concluídos, incluindo fotografias de interiores e exteriores de edifícios, bem como caraterísticas específicas do design. Tradicionalmente, estas fotografias são armazenadas em papel ou em formato de diapositivos, acessíveis, por exemplo, pelo número do projeto e talvez pelo nome, e utilizadas como referência pelos arquitectos em apresentações aos clientes e para fins pedagógicos. Os gabinetes de arquitetura de maior dimensão, com recursos mais amplos, introduziram as câmaras digitais e o armazenamento eletrónico de fotografias.

Referências

[1] Dr.H.B.Kekre, Sudeep D. Thepade, Shobhit W., Miti K., Styajit S., Priyadarshini M. "Image Retrieval with Shape Features Extracted using Gradient Operators and Slope Magnitude Technique with BTC", International Journal of Computer Applications (IJCA), Volume 6,

Número 8, setembro de 2010, pp.28-33.

[2] Guoping Qiu, "Color Image Indexing Using BTC," IEEE Transactions on Image Processing, VOL.12, NO.l, janeiro de 2003, pp.93-101.

[3] B.G.Prasad, K.K. Biswas, and S. K.Gupta, "Region-based image retrieval using integrated color, shape, and location index", computer vision and image understanding, Oct 2003.

[4] Rafael C.Gonzalez, Richard E. Woods," Digital Image Processing," University of Tennessee,Second Edition, ISBN 81-7808-629-8, Pearson Education Pvt. Ltd.,2002.

[5] Y.C. Hu, C.C. Chang, "Edge detection using block truncation coding", Int. J. Pattern Recognition", Artif. Intell. 17 (2003) 951-966.

[6] B.C. Dhara, B. Chanda, "Block truncation coding using pattern fitting, Pattern Recognition", 37 (2004) 2131-2139.

[7] W. K. Pratt," Lligital Image Processing "New York, Wiley-Interscience,1978.

[8] R. 0. Duds e P. E. Hart, "Pattern ChsPification and Scene Analysis" Nova Iorque: Wiley, 1973.

[9] O. R. Mitchell , E. J. Delp, e S. G. Carlton, "Block truncation coding: a new approach to image compression", Actas da Conferência Internacional do IEEE sobre Comunicações, vol. 1, 4-7 de junho de 1978, pp. 12B.1.1-12B.1.4.

[10] E. J. Delp e O. R. Mitchell, "Image compression using block truncation coding," lEEETransactions on Communications, vol. 27, n.º 9, setembro de 1979, pp. 1335-1341.

[11] Bibhas Dhara, Bhabatosh Chanda,"Color image compression based on block truncation coding using pattern fitting principle," Journal Pattern Recognition archive, Volume 40 Issue 9, September, 2007,Elsevier Science Inc. Nova Iorque, NY, EUA

[12] Doaa Mohammed, Fatma Abou-Chadi,"Image Compression Using Block Truncation Coding," Cyber Journals: Multidisciplinary Journals in Science and Technology, Journal of Selected Areas in Telecommunications (JSAT), Edição de fevereiro, 2011.

[13] Base de dados de imagens http://wang.ist.psu.edu/docs/related/Image.orig

[14] Y.C.Hu, "Predictive moment preserving block truncation coding for gravelyle image compression", J.Electron. Imaging 13 (2004) 871-877.

[15] R. Kirsch, "Determinação por computador da estrutura constituinte de imagens biológicas," Comput. Biomed Res., vol. 4, no. 3, pp.1335-1341.

[16] E. S. Deutsch e J. R. Fram, "A quantitative study of the orientation bias of some edge detetor schemes," IEEE Tnvn Comput., vol. C-27, no. 3, Mar. 1978, pp. 205213.

[17] "Consulta da IBM por conteúdo de imagem". [Online]. Disponível: http://domino.research.ibm.com/comm/wwwr thinkresearch.nsf/pages/image396.html

[18] P Liu, K. Jia, Z. Wang e Z. Lv, "A New and Effective Image Retrieval Method Based on Combined Features", Proc. IEEE Int. Conf, on Image and Graphics, vol. I, agosto de 2007, pp.

786-790.

[19] Y. Rui, T. S. Huang, e S.-F. Chang, "Image retrieval: Técnicas actuais, direcções promissoras e questões em aberto"

[20] M.I. Rajab, M.S. Woolfson e S.P. Morgan, "Application of region-based segmentation and neural network edge detection to skin lesions", "Computerized Medical Imaging and Graphics", vol. 28, n.º 1-2, janeiro de 2004, pp. 61-68.

[21] H. Tang, E. Wu, Q. Ma, D. Gallagher, G.M. Perera, e T. Zhuang, "MRI brain image segmentation by multi-resolution edge detection and region selection," Computerized Medical Imaging and Graphics, vol 24,no. 6, novembro, 2000, pp. 349-357.

[22] P. Maragos, "Differential morphology and image processing," IEEE Trans Image Processing, vol. 5, no. 6, junho de 1996, pp. 922-937.

[23] F. Ortiz, e F. Torres, "Vetorial morphological reconstruction forbrightness elimination in colour images," Real-Time Imaging, vol. 10,no. 6, dezembro de 2004, pp. 379-387.

[24] X. Jing, Y. Nong e Y. Shang, "Image filtering based on mathematical morphology and visual perception principle", Chinese Journal of Electronics, vol. 13, no. 4, abril de 2004, pp. 612-616.

[25] A. P. Richard, "A new algorithm for image noise reduction using mathematical morphology," IEEE Transaction on Image Processing,vol. 4, no. 5, maio de 1995, pp. 554-568.

[26] T. Chen, Q. Wu, R. Rahmani-Torkaman e J. Hughes, "A pseudo top-hat mathematical morphological approach to edge detection in dark regions", Pattern Recognition, vol. 35, n.º 1, janeiro de 2002, pp. 199-210.

[27] J. Rivest, "Morphological operators on complex signals", Signal Processing, vol. 84, n.º 1, janeiro de 2004, pp. 133-139.

[28] H. Park e RT Chin, "Decomposição de elementos de estruturação morfológica de forma arbitrária", IEEE Trans. Pattern Analysis and Machine Intelligence, 1995, vol. 17, no.l, janeiro de 1995, pp. 2-15.

[29] J. Song , and E. J. Delp, "The analysis of morphological filters with multiple structuring elements," Computer Vision, Graphics, and Image Processing, vol. 50, no. 3, junho de 1990, pp. 308-328.

[30] J. Serra, Image Analysis and Mathematical Morphology, Academic Press, Nova Iorque, 1982

[31] R. M. Haralick e L. G. Shapiro, Computer and Robot Vision. Reading, MA: Addison-Wesley, vol. I, 1992.

[32] S. Mukhopadhyay e B. Chanda, "Multiscale morphological segmentation of grayscale images," IEEE Transactions on Image Processing, vol. 12, no. 5, maio de 2003, pp. 533-549.

[33] E. Bataillou, "Weighted averaging using adaptive estimation of the weights," Signal

Processing, vol. 44, no.l, janeiro de 1995, pp. 51-66.

[34] Y. Ma, M. Yang e L. Li, "A kind of omni-diretional multi-angle structuring elements adaptive morphological filters", Journal of Chinainstitute of Communications, vol. 25, n.º 9, setembro de 2004, pp. 86-92.

[35] J. F. Canny. Encontrar arestas e linhas em imagens. Tese de mestrado, MIT. Laboratório de IA. T720,1983.

[36] J. F. Canny. Uma abordagem computacional à deteção de bordas. IEEE Trans. Análise de padrões
e Machine Intelligence, 1986, pp. 8:679-698.

[37] Rachid Deriche. Usando os critérios de Canny para derivar um detetor de bordas ótimo implementado recursivamente. The International Journal of Computer Vision, abril de 1987, pp.l:167- 187.

[38] Margaret M. Fleck. Múltiplas larguras produzem diferenças fiáveis. IEEE Transactions PAMI, abril de 1992, pp.l4(4): 412-429.

[39] D. Marr e E. C. Hildreth. Theory of edge detection. Actas da Sociedade Real, Londres B, 1980, pp.207:187-217

[40] Vishvjit S. Nalwa. A Guided Tour of Computer Vision. Addison-Wesley Publishing Company, 1993.

Lista de publicações

1) Artigo aceite sobre, "Image Retrieval with Shape Features Extracted Using Gradient Operators and Slope Magnitude Technique With BTC", na Conferência Nacional sobre Tendências Emergentes em Engenharia Eletrónica 2K11 (NCRTE 2K11) em WCE, Sangli.
2) Um artigo apresentado sobre "Image Retrieval With Shape Features Extracted Using Gradient Operators and Slope Magnitude Technique With BTC" na conferência internacional sobre Tendências Actuais e Desafios em Gestão, Engenharia, Aplicações Informáticas e Tecnologia (ICCTCMECAT, 2012), de 23 a 25 de março de 2012.
3) Artigo aceite sobre, "Image Retrieval with Shape Features Extracted Using Gradient Operators and Slope Magnitude Technique with BTC", na Conferência Nacional ITAC 2012 em YCC, Nagpur.
4) Artigo aceite sobre, "Image Retrieval with Shape Features Extracted Using Gradient Operators and Slope Magnitude Technique with BTC", na Conferência Nacional NCETCSIT-2011, no Bapurao Deshmukh College of Engineering, Sevagram.

MIX
Papier aus verantwortungsvollen Quellen
Paper from responsible sources
FSC® C105338

Printed by Books on Demand GmbH, Norderstedt / Germany